SALUTE & DISCOVERY

致敬与发现

国家自然科学基金地区项目：异质产业链空间离散化、地区差距变动及地方政府产业转移策略研究（71863005）

基于空间视角的
产业链升级问题研究

RESEARCH ON THE UPGRADING OF INDUSTRIAL
CHAIN BASED ON SPATIAL PERSPECTIVE

张 晖 ◎ 著

图书在版编目（CIP）数据

基于空间视角的产业链升级问题研究 / 张晖著. —北京：经济管理出版社，2020.8

ISBN 978-7-5096-7379-9

Ⅰ.①基… Ⅱ.①张… Ⅲ.①产业链—产业结构升级—研究 Ⅳ.①F263

中国版本图书馆 CIP 数据核字（2020）第 152462 号

组稿编辑：宋　娜
责任编辑：宋　娜　张馨予　张鹤溶
责任印制：黄章平
责任校对：董杉珊

出版发行：经济管理出版社
　　　　　（北京市海淀区北蜂窝 8 号中雅大厦 A 座 11 层　100038）
网　　址：www.E-mp.com.cn
电　　话：(010) 51915602
印　　刷：唐山昊达印刷有限公司
经　　销：新华书店
开　　本：720mm×1000mm /16
印　　张：9.25
字　　数：138 千字
版　　次：2020 年 9 月第 1 版　2020 年 9 月第 1 次印刷
书　　号：ISBN 978-7-5096-7379-9
定　　价：98.00 元

·版权所有　翻印必究·

凡购本社图书，如有印装错误，由本社读者服务部负责调换。

联系地址：北京阜外月坛北小街 2 号

电话：(010) 68022974　　邮编：100836

摘 要

产业链是产业部门间因技术经济联系而表现出的具有前后向投入、产出关系的产业组织表述。产业链现象是产业的本质属性之一，它是随着社会和产业的分工而出现的。产业链以分工协作为基础、以产业联系为纽带，加强了企业之间的经济技术关联和交流，提高了产品的生产效率，是现代产业发展的主要模式。目前，产业链已经成为学术界和地方政府关注的热点。

随着经济发展进入新常态，产业转型升级成为了各地区经济发展的紧迫任务。在区域经济实践中，不少地区把产业转移作为产业结构调整和转型升级的重要途径，并尝试通过产业转移促进产业链延伸和产业链整合，达到优化产业链、促进产业升级的目的。对产业链升级的研究仍然是基于价值链理论，以产业链的生产分工为基础，从生产环节的附加值入手，深入挖掘经济技术关联的产业升级潜力，着重讨论 OEM、ODM、OBM 等生产模式对企业发展和产业转型的影响。但是，在全球价值分工中，中国企业往往处于低端环节，在面临竞争优势较强的跨国企业时往往陷入"价值链低端锁定"，不利于产业升级和附加值提升。随着经济开放程度的不断加深和"跨国巨头"的涌入，在激烈的市场竞争中，从生产环节的附加值入手，进行产业链升级的挑战越来越大。因此，需要寻找新的方式，扩宽产业链升级的路径。

产业链是一个包含价值链、企业链、供应链和空间链四个维度的概念。产业链的形成和发展离不开它所依附的区域（空间），因此对影响产业链升级的探讨可以从区域因素出发。随着国际贸易和国际劳动分工的深入发展，高度融合的全球经济体系正在形成，大型跨国企业在全球范围内构建价值链，促进了生产环节的"空间离散化"。与此同时，经济空间的片段化和分工环节的动态化、复杂化趋势日益明显，尤其是随着运输和通信成本的大幅度下降，消费者持续多样化的需求，产业组织的垂直解体发展趋势日益明显。在规模经济和集聚效应作用下，产业链环节可以形成空间集聚状态；而在拥挤效应的作用下，产业链环节也可以呈现空间离散化状态。这种产业链的空间集聚或空间扩散推动了产业资源的空间优化配置，提高了资源利用效率，促进了产业链的优化升级。因此，从空间的角度探讨产业链升级有利于发挥中国的大国规模经济潜力，在一定程度上摆脱生产环节价值链升级低端锁定的困境，从空间维度上扩宽产业链升级的新路径。

本书的主要内容有：第一章，绪论。主要阐述选题的相关背景和理论意义，并概述研究内容、方法和创新之处。第二章，文献综述和理论基础。对产业链的概念、内在机制、产业链升级等问题进行综述，介绍空间经济学中关于产业链的基本理论，为本书研究的起点和基础。第三章，产业链升级的空间模型分析。分析产业链的空间分工属性，并基于新经济地理框架和全球价值链理论，阐释产业链的空间扩散机制，分析产业链的空间价值逻辑及效应。第四章，产业链升级的空间动力。分析产业链空间拓展的动力及价值创造机制，提出产业链空间升级的模型。第五章，空间离散型产业链升级的路径。分析产业链空间离散化的效应、运行障碍及升级策略。第六章，开放经济中的产业链空间升级问题。第七章，基于产业链空间升级的陆海统筹发展。从产品整合、价值整合、知识整合这三个层面分析陆海产业链空间整合的模式，为陆海统筹发展奠定可选路径。

本书是国家自然科学基金"异质产业链空间离散化、地区差距变动及地方政府产业转移策略研究"（71863005）的阶段性研究成果，并得到了海南大学经济学院应用经济学重点学科建设的资助，在此向资助单位表示感谢。海南大学经济学院副院长（主持工作）李世杰教授对本书的写作和修改提出了很多宝贵的建议，在此表示谢意。另外，特别感谢经济管理出版社的编辑做了大量工作。

本书的研究内容是产业链升级研究的一个新方向，由于笔者水平有限，内容上还存在诸多不够完善和严谨之处，相关理论的实证检验也有待进一步拓展，请各位读者提供宝贵意见，批评指正。

目 录

第一章 绪 论 ··· 1

第一节 研究背景及意义／1
一、研究背景／1
二、研究意义／3

第二节 本书结构及内容安排／5

第三节 研究方法／7
一、多学科方法／7
二、案例研究法／7
三、理论演绎法／8

第二章 产业链理论基础与研究综述 ··· 9

第一节 产业链理论基础／9
一、产业链内涵／9
二、新经济地理学的产业垂直关联理论／12
三、全球价值链理论／14

第二节 产业链组织研究综述／16
一、关于产业链内在机制的研究综述／16
二、关于产业链内部关系的研究／20
三、产业链空间演变相关研究／23
四、产业链理论评述／25

第三章　产业链空间演变的理论逻辑 …………………………… 28

第一节　产业链的空间分工/ 28
　　一、产业链空间组织的分工属性/ 28
　　二、产业链空间组织的实质/ 31

第二节　产业链空间演变的基本原理/ 32
　　一、基础模型/ 33
　　二、产业链空间演变分析/ 35

第三节　产业链空间价值生成的内在机制/ 38
　　一、比较优势效应/ 38
　　二、规模经济效应/ 40
　　三、成本挤压效应/ 42
　　四、内部化效应/ 42

第四节　产业链空间效应/ 44
　　一、基于产业链分工的空间效应/ 44
　　二、区域间关联效应的作用机制/ 48

第四章　产业链的空间组织机制 …………………………………… 54

第一节　产业链空间拓展的动力机制/ 54
　　一、产业链空间拓展的驱动力/ 54
　　二、产业链空间组织控制力/ 56
　　三、产业链空间组织控制方式/ 57

第二节　产业链升级的利益分配机制/ 61
　　一、产业链利益分配的原则/ 61
　　二、产业链空间组织利益分配模式/ 64
　　三、产业链空间组织利益分配要素的确定/ 65

第三节　产业链空间组织的跃迁式升级模型/ 68
　　一、产业链跃迁式升级模型/ 68
　　二、产业链跃迁式升级的空间拓展逻辑/ 69

第五章 空间离散型产业链升级的路径 …………………… 72

第一节 产业链空间离散化的特征事实/ 72
一、产业链空间转移的动力/ 72
二、产业链空间离散化的一个典型事实/ 75

第二节 产业链空间离散的双重效应/ 78
一、积极效应/ 78
二、消极效应/ 83

第三节 空间离散型产业链的运行障碍/ 85
一、地理障碍/ 85
二、体制机制障碍/ 86

第四节 空间离散型产业链顺畅运行的策略/ 91
一、缓坡型产业梯度转移/ 91
二、空间均衡性区域合作/ 95

第六章 开放经济发展与产业链空间升级 …………………… 100

第一节 全球价值链与产业链空间组织/ 100
一、开放经济中产业结构变动与全球价值链/ 100
二、全球价值链的产业链空间组织关系/ 102

第二节 开放经济下的产业链空间升级策略/ 104
一、全球价值链对产业链升级的双重效应/ 104
二、从"嵌链"策略转向"建链"策略/ 107

第三节 案例：跨国热带农业产业链的空间升级/ 109
一、拓展产业链发展的地理空间/ 109
二、扩充产业链的组织空间/ 113

第七章 基于产业链空间升级的陆海统筹 …………………… 117

第一节 陆域产业与海洋产业的空间关联/ 117
一、陆域产业与海洋产业具有较强的产业关联性/ 117

二、陆域产业和海洋产业需要联动发展／119
第二节 陆海统筹发展的困境／120
 一、空间组织中的结构洞／120
 二、我国陆海统筹发展的结构洞困境／121
第三节 陆海产业链整合路径研究／124
 一、产业链整合与结构洞／124
 二、陆海产业链的整合路径／126

参考文献 ·· 134

第一章

绪 论

第一节 研究背景及意义

一、研究背景

产业链是一种随着产业的分工、深化而出现的产业组织模式,是市场主体为应对激烈的市场竞争而进行产业组织重构的一种新型组织模式。从实践中看,市场经济越来越发达、经济社会分工协作日益深化的 21 世纪,几乎任何产业都以产业链的形式发展壮大,几乎所有的产品也都是产业链分工模式生产出来的。正如亚当·斯密在其名著《国富论》中所提到的制针厂的例子一样,哪怕极其简单的产品生产也会采取迂回方式生产。这种迂回生产方式本质就是链条式生产模式,只不过这种"产业链"是在企业内部进行,一般不被视为产业链。但现代较为复杂一点的产品,如智能手机,就有很多企业分工协作完成生产,这种多个企业联合生产所形成的分工链条就是产业链。简单来说,产业链是指某种产品从原料、加工、生产到销售等各个环节的关联,1958 年,赫希曼的《经济发展战略》就从产业的前向联系和后向联系的角度论述了产业链的概念。产业链的发展已经受到理论界、实业界以及政府部门的广泛关注,并引发了对产业升级与企业竞争力的深入研究。

产业的发展都在一定的区域范围内展开。因此，产业链的组织模式具有一定的区域或空间属性。我国学者芮明杰等认为："现代产业的一个突出特点就是产业链不断迂回，当产业链的迂回在同一个空间发生时，如果产生了有利于提高竞争力的外部经济性，就形成了具备产业集群特征的空间组织形式。"产业链在同一空间的发生是基于产业链的产业集聚现象。产业地理集聚是经济发展的普遍规律。20世纪80年代以来，随着经济全球化和劳动地域分工的日益深入，产业集聚式发展已经成为区域产业发展的重要特征，"第三意大利"传统产业群、美国硅谷和波士顿128公路的电子产业集聚、英国剑桥的高保真器材集聚和德国斯图加特的机床产业集聚成为全球产业集聚的成功范例（Devereux et al., 2004）。新经济地理学已经对产业集聚有了比较充分的研究，其中也包括关于产业链集聚的研究。新经济地理学很早就关注了产业间投入与产出的纵向关联，开发了基于产业垂直关联（产业链）的产业集聚研究模型。Krugman 和 Venables（1995）着重分析了产业间后向关联对企业集聚的影响，发现本地中间投入品的可替代性越小，企业集聚的倾向就越明显，首开产业链集聚先河。Venables（1996）进一步指出，产业间投入与产出的纵向关联也会促成集聚，即中间产品的"前向关联"和"后向关联"会促成企业的集中，从而形成产业链集聚。新经济地理学中有大量的理论及实证研究令人信服的证明，随着运输成本（或贸易成本）的降低，在报酬递增机制的作用下，各区域从缺乏分工的产业分离状态，逐步转变为产业集聚或产业链集聚状态。但如果运输成本（或贸易成本）进一步下降，集聚程度越来越高，拥挤效应的扩散力会超过集聚效应的集聚力，导致产业扩散。

改革开放以来，尤其是2001年加入世界贸易组织之后，我国的经济全球化以及区域经济一体化的程度不断提升，国内许多产业的产业链环节的空间区位也发生了改变。比如，我国的电子信息制造业，从产业链上游的电子元器件制造到位于产业链中下游的设备制造、整机制造等环节，在空间分布上趋于聚集在长三角、珠三角、环渤海地区等沿海地区，形成了规模大、配套全的电子制造业集群（傅江帆，2011）。一方面苏州的IT制造业、浙江的纺织皮革制造业、东北的装备制造业等也都处于产业链集聚状态；另一方面，许多产业集群的企业为了寻求更低成本或更多资源，把原本垂直一体化的生产过程逐步分解为不同的中间产品生产区段，将一些产业链环节转移到其他地区，并由此形成空间离散型产业链。比如，在全国四大制鞋基地之一的浙江省，从2003年开始，浙江省桐乡市皮鞋产业的一些企业就开始将部分加工制造环节转移到西部重庆的"黔江工业园"，浙江省温州市奥康也在重庆璧山建立生产基地，将制造环节转移出去。由此可见，在我国区域发展实践中，产业链的空间集聚和扩散正在成为一种典型现象。学术界对产业的空间集聚给予了足够多的关注，对产业链空间扩散的研究却相对缺乏。

就我国而言，产业链的空间扩散尤其具有一定的复杂性。从东南沿海产业集聚度较高的发展实践来看，既有产业集聚所带来的拥挤效应的作用，也有国家或政府层面所推动的产业转移政策的原因。而且在当前扩大对外开放的背景下，中国企业"走出去"的情况越来越普遍，产业链的空间扩散甚至是跨国扩散正在日益增长。当然，产业链的空间离散化不仅对空间经济发展格局产生影响，其自身的运行也存在诸多问题。产业转移及产业链的空间离散化本来应该是促进产业升级的一种途径和策略。但如果产业链空间离散化之后运行不畅，就无法起到重塑经济地理格局，促进产业升级的作用。因此，空间离散型产业链的升级问题更值得关注。本书主要从空间视角出发，将各区域、国内与国际，甚至陆域和海域都统一纳入"空间"分析框架，着重研究产业链空间离散化的机制原理、影响效应及升级策略。

二、研究意义

（一）理论意义

在理论上，本书的研究价值主要体现在有助于弥补对产业转移现象以及产业链组织升级问题的不足，丰富产业经济学和空间经济学的交叉理论研究。国外理论界对具有垂直关联型的产业关联关系研究已久，产业组织中的纵向关联理论，以及国家贸易领域的垂直分工理论和全球价值链理论已经比较成熟，但这些理论都缺乏空间维度的分析，不能很好地解释区域产业活动的空间分布和动态变化。新经济地理学中的产业垂直关联模型用较为严格的数理模型阐述了垂直关联型产业的空间演变，但当前的研究一般聚焦在将产业垂直关联作为产业集聚的一种作用机制，并将注意力放在产业链的空间演变上，缺乏对产业链扩散的分析。尽管全球价值链反映的是垂直离散型经济活动，但其考察范围是全球空间，无法直接应用于区域经济活动，而且全球价值链理论中也缺乏空间要素的探讨。

产业垂直关联不仅只是产业集聚的一种作用机制，而且它本身就是一种重要的产业组织形式（即产业链）。这种产业组织模式有其自身的动态变化规律。与新经济地理学中基于产业垂直关联的产业集聚现象不同的是，我国经济发展中广泛存在着产业链的空间扩散现象，而且这种现象有着深刻的产业升级背景。产业链的空间演变本质是产业升级的一个重要途径。因此，本书通过融合新经济地理学、全球价值链理论等学科，从空间视角分析产业链的组织模式、演化特征及机制，对深刻理解产业的空间活动及其产业升级具有重要的理论意义。

(二) 实践意义

中国是一个区域差异较大的国家，改革开放以来，区域间的产业转移现象较为普遍。各地方政府也往往将"腾笼换鸟""筑巢引凤"等产业转移政策作为促进产业升级的重要措施。产业的区域转移本质上就是产业的空间重组，对区域经济发展有着深刻的影响。中国如何顺应产业空间演化的规律，更好地促进区域分工和产业转移，成为当前的一个现实问题。从现实上看，在产业转移过程中，转移的产业和保留在原地的产业具有产业链上下游关系，这种基于产业链的产业转移是当前我国东中西部产业转移的内在特征。随着东部沿海地区产业发展环境的改变和产业结构的调整，东部沿海地区的劳动密集型产业面临向外转移的巨大压力，而中西部地区又具有承接产业转移的比较优势和强烈愿望。但现实中大规模的产业转移并未如期发生，已经发生产业转移的企业也存在经营难题，在一定程度上制约了整体产业升级。从空间的角度研究产业链升级问题,有助于厘清产业转移内部的内生机制,把握产业链演化规律,为更好地推动区域产业转移和产业升级提供决策参考。

第二节 本书结构及内容安排

首先,本书立足于产业转移所形成的产业链空间离散化现象,以产业链、全球价值链、新经济地理学等相关理论基础,借鉴产业链集聚和扩散的最新研究成果,以产业链的空间分工为切入点,探讨产业链空间演变的基本原理、运行机制,研究空间离散型产业链的运行障碍及其空间策略;其次,分析开放经济中与全球价值链相互影响的升级路径;最后,运用产业空间离散化的相关理论结论对陆海统筹型的产业链空间整合问题进行了探讨。本书的研究逻辑思路如图1-1所示。

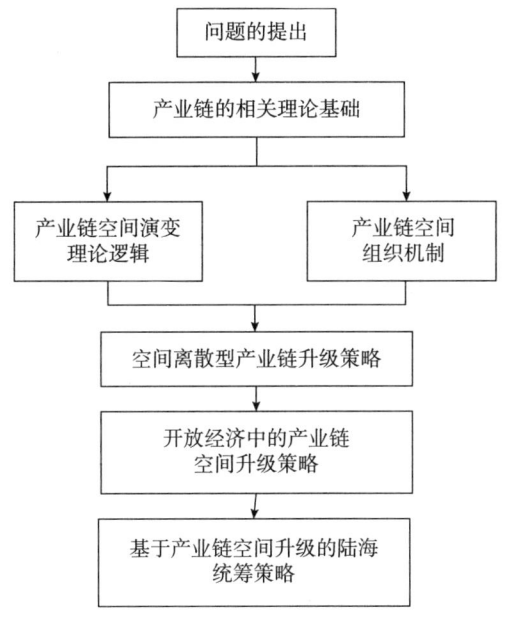

图1-1 空间视角的产业链升级问题研究的逻辑思路

本书共七章，各章的主要内容如下：

第一章是绪论，主要阐述选题的研究背景及意义、研究思路与研究方法、研究内容。

第二章是产业链理论基础与研究综述。首先，介绍了本书提到的产业链、新经济地理学、全球价值链等理论，为本书研究奠定理论基础；其次，从内在机制、内部关系、构建模式等方面对主要研究对象——产业链进行了文献评述。

第三章是产业链空间演变的理论逻辑。产业链的空间演变是一种产业链层面的集聚和扩散现象。本章借助全球价值链、垂直分工等相关理论和概念，主要阐述了产业链的空间分工属性，并运用新经济地理学的产业垂直关联模型，分析了产业链空间演变的基本原理，并进一步阐述了空间价值的生成机制。在此基础上，运用区域投入产出分析方法对空间效应的衡量问题进行了探讨。

第四章是产业链的空间组织机制。产业链是一种中间型的产业组织形态，从空间视角出发，产业链的集聚或扩散形成了产业链的空间组织。产业链空间组织的运行须深入产业链内部来探讨其运行机制。本章借鉴全球价值链的驱动力模型探讨了产业链空间拓展的驱动力和控制力，并研究了产业链空间组织稳定运行的利益分配机制。

第五章是空间离散型产业链升级的路径。随着区域经济分工的深化以及产业转移的不断推进，产业链逐渐呈现空间离散化特征，这也是本书关注的核心问题之一。本节以浙江纺织服装产业链的产业转移为典型案例，分析了产业链空间离散化现象，探讨了产业链空间离散化的积极效应和消极效应，研究了在空间离散型状态下产业链的运行障碍，并提出了促进空间离散型产业链顺畅运行及升级的策略。

第六章是开放经济发展与产业链空间升级。随着全球经济一体化进程的加深，产业链的空间组织逐渐向世界空间范围内拓展，而这正是全球价值链得以构建的重要产业组织载体。本章从全球价值链的角度探讨了在开放经济中产业链空间组织的特征，探讨了在国际性产业转移中，我国企业嵌入西方发达国家企业主导的全球价值链所带来的正面效应和负面效应，提出了开放经济中产业链空间升级的相应对策,并以热带农业产业链为案例,分析了开放经济中产业链空间组织升级的具体策略。

第七章是基于产业链空间升级的陆海统筹。本章是本书相关研究的一个应用拓展。陆海统筹是当前我国产业升级和构建新型产业体系的重要原则和途径。陆海产业体系具有很强的互补性,因此,从空间角度看,陆海统筹本质上就是陆域产业和海域产业基于产业链的空间整合问题。产业链空间升级的相关理论和实践经验对陆海统筹型产业发展具有很强的指导意义。

第三节 研究方法

一、多学科方法

本书采用的跨学科研究方法涵盖了产业经济学、产业组织理论、全球价值链理论、新经济地理学、制度经济学等相关学科的理论与方法。在借鉴这些学科理论方法和研究成果的基础上,把产业链的空间演化与产业的转移结合在一起,探索产业链空间组织的演化机理和内在机制、经济效应,并结合开放经济的发展背景,与全球价值链理论进行融合,研究产业链在全球范围的空间演化问题,并得到了一些有价值的结论。

二、案例研究法

本书在进行理论融合的同时也注重与现实产业现象的结合。产业链的空间演化问题根植于深厚的产业发展实践,本书以我国产业转移以及开放经济背景下的典型产业链为研究对象,增强理论的现实解释力。

三、理论演绎法

产业链的空间演化现象是复杂的经济活动，涉及产业问题、区域问题和国内国际市场的问题，需要合理的抽象和模型的简化，但又无法完全应用复杂的数学模型来模拟。本书运用理论演绎的方法，从简单的组织和分工开始，将概念模型和数学模型结合起来，构建理论框架，从一个全新的角度分析和揭示产业链空间组织的演化特征和规律。

第二章
产业链理论基础与研究综述

第一节 产业链理论基础

一、产业链内涵

(一) 从价值创造的角度定义产业链

芮明杰、刘明宇（2006）认为，产业链表达的是厂商内部和厂商之间为生产最终交易的产品或服务所经历的增加价值的活动过程，它涵盖了商品或服务在创造过程中所经历的从原材料到最终消费品的所有阶段。张铁男、罗晓梅（2005）认为，产业链是以生产相同或相近产品的企业集合所在产业为单位形成的价值链，是承担着不同的价值创造职能的、相互联系的产业围绕核心产业，通过对信息流、物流、资金流的控制，在采购原材料、制成中间产品以及最终产品、通过销售网络把产品送到消费者手中的过程中形成的由供应商、制造商、分销商、零售商、最终用户构成的一个功能链结构模式。产业链将相关产业联系在一起，表现的是不同业态之间的关系。郑胜利（2005）认为，产业链主要是指产业价值链，既围绕服务于某种特定需求或进行特定产品生产（及提供服务）所涉及的一系列互为基础、相互依存共同创造价值的上下游链条关系构成了产业链。吴金明、邵昶（2006）认为，产业链是基于产业上游到下游各相关环节的由供需链、企业链、空间链和价值链这四个维度有机结合而形成的链条，是产业价值实现和增值的根本途径，产业链形成的原因在于产业价值的实现和创造。

（二）以供应链为基础来定义产业链

周路明（2001）认为，产业链是建立在产业内部分工和供需关系基础上的一种产业生态图谱，分为垂直的供需链和横向的协作链。刘刚（2005）认为，产业链是建立在波特价值链基础上的、由不同产业的企业所构成的一种空间组织形式，是相互独立的企业之间的连接，通常是指不同产业中企业之间的供给与需求关系。

（三）从战略联盟的角度论证产业链

刘贵富、赵英才（2005）认为，产业链是在一定地域范围内，同一产业部门或不同产业部门在某一行业中具有竞争力的企业及相关企业，以产品为纽带，按照一定的逻辑关系和时空关系联结成的具有价值增值功能的链网式企业战略联盟。蒋国俊、蒋明新（2004）提出，产业链是指在一定的产业集聚区内，由某个产业中具有较强国际竞争力（或国际竞争潜力）的企业和与其相关产业中的企业结成的一种战略联盟关系链。

（四）基于生产工艺流程的产业链

郁义鸿（2005）、赵红岩（2007）都认为，产业链是一种最终产品的生产加工过程——由最初的自然资源到产品最终到达消费者手中所包含的各个环节所构成的整个生产链条。

（五）基于前后技术经济关联的产业链

简新华（2002）认为，产业链是由经济活动中的各个产业依据前、后向的关联关系组成的。杨公朴、夏大慰（2002）也认为，产业链是产业依据前、后向的关联关系组成的一种网络结构。产业链的实质就是产业关联，而产业关联的实质就是各产业相互之间的供给与需求、投入与产出的关系。龚勤林（2004）认为，产业链是各个产业部门之间基于一定的技术经济关联并依据特定的逻辑关系和时空布局关系客观形成的链条式关联形态。赵绪福（2006）则认为，产业链是指从初始资源直到最终消费的路径上，由若干相关产业部门基于经济活动内在的技术经济联系，客观形成的前后顺序关联的、有序的经济活动的集合。

（六）基于组织视角的产业链

刘贵富（2006）认为，产业链是介于企业、市场之间的一种中间组织，且是一种具有"有组织的市场"和"有市场的组织"双重属性的合作竞争型准市场组织。他结合产业链组织性质的研究，给产业链下了一个明确的定义：产业链是同一产业或不同产业的企业以产品为对象、以投入—产出为纽带、以价值增值为导向、以满足用户需求为目标，依据特定的逻辑联系和时空布局形成的上下关联的、动态的链式中间组织。蔡宇（2006）认为，产业链是建立在生产链、供应链和价值链基础上的综合体，它不仅从产业（行业）的角度研究按照产品或服务生产过程连接起来的一系列企业之间的价值流、物流、信息流和资金流，而且还要分析它们的价值创造、相互关系和组织结构。陈朝隆、陈烈、金丹华（2007）从企业关联角度认为，产业链是以分工协作为基础、以产业关联为纽带、以企业为主体所形成的链网状产业组织系统。龚勤林（2007）、鱼晓惠（2011）认为，产业链是相关产业活动的集合，其构成单元是若干具有相关关系的经济活动集合。也就是说，产业链是某种特殊的组织。游振华、李艳军（2011）认为，产业链是指在一定的空间范围内，不同企业或产业部门为追求自身长远利益最大化，而与其他企业或产业部门围绕不同中间产品的生产和交换进行的横向或纵向合作、联盟而形成的动态网络组织。

从以上六大类产业链的定义来看，不同学者对产业链有着不同的解释，可见产业链定义的不确定性和其内涵的复杂性。上述诸多对产业链的不同理解源于不同专业背景的学者所持的不同学科视角，前四种在本质上是从管理学的角度给出的解释，第五种是产业经济学角度给出的定义，第六种是从产业组织角度给出的定义。立足于不同的专业背景和学科视角自然得到不同的理解和表达，正如苏东坡诗云："横看成岭侧成峰，远近高低各不同。不识庐山真面目，只缘身在此山中。"随着理论研究的深入，学术界已经越来越倾向于采用综合的方式来定义产业链，因为只有这样才能较清晰地解释这种复杂的产业经济现象。以上有些定义也是综合了几种观点，如吴金明、邵昶（2006）就给出了一个包含供需链、企业链、空间链和价值链四个维度的产业链定义，刘贵富（2006）和蔡宇（2006）的定义也包含了多层含义，而我们对产业链概念的上述分类只是按照各种定义最终的落脚点即对产业链本质的理解划分的，如吴金明、邵昶（2006）认为，产业链是产业价值实现和增值的根本途径，属于价值链视角，而刘贵富（2006）和蔡宇（2006）认为产业链属于组织视角。

二、新经济地理学的产业垂直关联理论

新经济地理学的产业垂直联系模型解释了产业链空间演化的内在机制。产业链纵向关联关系中，本地中间投入品的可替代性越小，具有上下游关联关系的企业集聚的倾向越明显（Krugman and Venables，1995）。Venables（1996）基于"投入—产出"的联系假设建立了一个产业垂直联系模型，说明了中间产品的"前向关联"和"后向关联"会促成企业的集中从而形成产业集聚。Fujita等（1999）将产业垂直联系模型中的两个部门合并，建立了一个产业横向联系模型，分析了劳动力跨部门流动对产业集聚的影响。Baldwin（1999）指出，关注产业间投入与产出的纵向关联的新经济地理学所揭示的集聚向心力来源于需求联系与成本联系。拥有较大制造业部门的区域通常能够提供较多种类的中间产品，具有较低的价格指数，使得使用中间产品的厂商可以以较低的成本生产。成本效应使中间品投入较大的厂商将倾向于在拥有较大制造业部门的区域选址生产，这就构成一种前向联系的产业集聚；相反，一个区域生产的厂商越多，对中间品的需求越大，这就为中间产品提供了巨大的当地市场，构成了一种后向联

系的产业链集聚（Amiti，1998）。Venable（1996）的模型实际上认为上游企业都是同质的，产品完全相同，下游企业也一样。Belleframme 和 Toulemonde（2000）则修改了模型条件，研究表明如果下游企业的产品差异度比较大，则存在多重均衡，上游企业则分别集中于生产某一下游企业所需的中间品或同时生产多个下游企业的投入品，这取决于运输成本和工资差异。

以产业链上下游垂直关联为基础，自由资本垂直联系模型（Nicoud，2002）和自由企业家垂直联系模型（Ottvaiano，2002）分别揭示了物质资本的流动性和人力资本（企业家）流动是形成循环累积因果关系和产业集聚的重要机制，而且产业链上的熟练劳动力会向经济容量更大、更具劳动力成本优势的区域迁移，资本也在该地区加速积累，从而企业发生集聚（Peng，Thisse and Wang，2006）。此外，较低的交易成本或生产者服务业的贸易成本也能使上下游企业都集聚在一个地区或国家（Amiti，2005；谭洪波，2015）。不同垂直关联程度和运输成本对不同国家要素收入的影响作用也是跨国产业垂直专业化的主要空间动力（李宏艳和齐俊妍，2008）。知识溢出（Barde，2010）、补贴竞争（Kondo，2013）等因素也对产业链空间演化有重要影响。王春晖和赵伟（2014）构建了一个两区域两产业模型，刻画了区域开放引致相同产业集聚和上下游产业协同集聚的经济过程，并揭示出厂商在区域开放条件下选择集聚（协同集聚）布局的空间动力在于获取不同类型的集聚外部性利益。Baldwin 和 Venables（2015）研究了开放经济体中贸易和产业政策对产业链中产品范围和零部件范围的影响，揭示了政府行为对产业链的空间演化的影响。Noblet 和 Blegodere（2016）进一步把中间产品分为复杂产品和简单产品，在 Venables 模型基础上研究了依赖于距离和复杂中间产品数量的协调成本对产业链环节空间定位的内生影响。许德友（2016）认为，产业链内不同环节的空间分离与转移是重塑中国产业地理的重要力量，而距离是决定产业链空间整合的核心因素。

综上所述，新经济地理学对产业垂直关联的关注，虽然其主要目的是研究产业集聚的内生机制，但同时也为解释产业链空间演化提供了一个统

一、完整的理论框架。

三、全球价值链理论

1985 年,美国学者波特在其著作《竞争优势》中最先提出价值链概念。价值链是指公司的价值创造过程主要由基本活动和支持性活动两部分构成。基本活动包括生产、营销、运输、售后服务等,支持性活动包括原材料供应、技术、人力资源和财务等。基本活动和支持性活动在公司价值创造过程中相互联系成为一个系统性整体,构成公司价值创造的行为链条即价值链。价值链本质上是一系列分工不同的创造价值的活动的总和。具体的价值链表明企业如何建立从事各种具体价值创造活动的价值链。

随着世界范围内的经济增长和生产率提高,商品逐渐呈现供过于求的状况,全球采购商在世界贸易体系中的地位不断上升,逐渐具有了整合、协调国际生产网络的能力。在此背景下,Gereffi(1994)提出了全球商品链的概念,即通过一系列国际网络把围绕某一商品而发生关系的诸多企业、个人以及其他相关机构联系到世界经济体系中,包括投入、组织运输、营销、最终消费等不同环节。全球商品链是以产品间分工为主要形态的国际生产分工模式。随着国际生产分工的细化,产业间分工被产业内分工取代,产品间分工被产品内分工取代。国际分工深化就是生产的国际迂回程度不断加深的过程,也是新裂变的中间产品又不断加入国际生产循环的过程。当国际分工越来越深入到零部件分工或工序分工时,参与国际分工的中间产品更趋细化和专门化,特定产品生产过程的不同区段或工序通过空间分散化扩展为跨国生产链条。因而有越来越多的国家被卷入到特定产品生产过程不同环节或片段的生产与供应活动中。这种背景下,全球商品链就不能说明全球范围内的价值创造体系是如何运作的。为了清楚地说明商品价值创造、分配、获取等过程中利益分配机制的原理,分析产品价值创造体系中不同价值环节彼此间的交互作用,Gereffi(1998,2003)在价值链和全球商品链的相关理论相互融合的基础上,提出了全球价值链的概念并逐步建立了相应的理论框架。国内学者王辑慈（2001）、张辉（2004）较早接受全球价值链分工的思想，并围绕有关全球价值链分工与产业发展问题做了大量的研究。Gereffi（1998）认为，全球价值链是指为实现商品或服务增值而连接研发、生产、销售、回收处理等完整产品价值流程的全球性跨企业网络组织，它涉及了原料采集和运输、半成品和成品的生产和分销，直至最终产品消费和回收处理的整个流程。也就是说，在全球价值链是在参与国际分工和贸易的全世界范围内，为创造并实现某种商品或服务的价值而连接生产、销售，直至回收处理等全过程的跨企业网络组织，包括所有参与生产销售活动的组织及其价值、利润的分配（张辉，2004）。

关于全球价值链类型的研究，国内外学术界的认识较为一致，影响最大的当属Gereffi关于价值链驱动力分类。Gereffi（1994）依驱动机制的不同把全球商品链分为生产者驱动和购买者驱动两种类型，购买者驱动型中居于流通环节的全球购买者占据支配地位，生产者驱动型中掌握核心技术的跨国公司控制着全球生产体系。同样，Gereffi（1999）根据驱动价值链动力源的差异以及价值链中占据主导地位链节的不同，对全球价值链作了两类划分：一是以生产领域的产业资本为主要驱动力的生产者驱动模式（Producer-driven）的全球价值链；二是以流通领域的商业资本为驱动力的购买者驱动模式（Buyer-driven）的全球价值链，并从多个层面比较研究两种类型的全球价值链特征。全球价值链的生产者驱动指的是以发达国家跨国公司为主导的生产者通过投资来推动市场需求，形成全球生产网络的垂直分工体系。该驱动机制全球价值链的战略价值环节在于研发、关键零部件制造等环节。购买者驱动型全球价值链是指拥有强大品牌经营优势和掌握国际营销渠道的跨国公司通过全球采购组织起来的跨国商品流通网络，从而使产品的价值创造体系在世界范围内重组和布局。其战略环节在于研发、品牌经营和营销渠道建设等价值环节。相应地，该驱动模式下的大部分附加值都流向资本、技术密集且具有垄断势力的环节。发展中国家企业通常从全球价值链中低端的劳动密集型的价值环节以OEM、外包等方式嵌入购买者驱动型全球价值链。两种驱动模式的转换：全球价值链的片段化和空间重组主要通过对外直接投资和外包两种方式来进行。

第二节 产业链组织研究综述

一、关于产业链内在机制的研究综述

(一) 形成机制

龚勤林(2004)认为,产业链的形成有三个途径:一是同一若干专业化分工属性的产业部门在空间的集中,出于拓展市场关联和降低交易费用考虑而联合集结形成产业链;二是不同区域的各层次专业化部门为加强前、后向联系,突破边界限制,走向区域产业链式一体化;三是从某一成熟产业部门在市场需求条件下衍生出其他产业部门,逐渐相互连接形成产业链。邵昶(2006)引入"生产需求"的概念,按照新的标准划分消费需求和生产需求的不同层次,从需求对接的角度,初步建立一个"三维空间的模型",从对接机制的角度来说明产业链的形成机制。吴金明、邵昶(2006)认为,产业链起源于社会分工,并在交易机制的作用下不断引起产业链组织深化,继而在宏观、中观、微观三个层次进行对接,然后从微观维、中观维、宏观维以及对接机制维,并从供需链、价值链、产业链和空间链四个维度解释了产业链形成的内在规律,在此基础上形成了市场交易式、纵向一体化式、准市场式以及混合式四大产业链模式,整体论述了"4+4+4"模型及其应用并将产业链的形成机制进行了抽象优化,但是没有对产业链形成依据进行具体分析。吴金明、黄进良和李民灯(2007)则认为,产业链内部是"3+3+3+3"的形成机制:产业"龙头"、产业"七寸"和产业"配套"组成了完整的产业链。与此对应,形成的各具特色的"龙头企业""核心企业""关联企业"三类企业及其在产业链培育中的"需求拉动""创新驱动""双向传导"三类机制。产业链中存在的创新有

原始创新、集成创新和引进消化吸收基础上的再创新，由此，形成了"3+3+3"的机制。刘明宇、翁瑾（2007）认为，产业链是分工逐步深化的结果。随着迂回生产链条的延长，生产分工从企业内部扩展到企业外部，生产协作由企业内部的权威协调发展到企业间的社会分工协作，最后形成了产业链。刘贵富（2008）提出了一个基于"握手"理论的产业链形成理论，他认为"有形的手"和"无形的手"这两种机制在资源配置和经济运行中所形成的相互影响和相互制约的渗透式互补关系，可以称为"有形的手"和"无形的手"在"握手"。这种"握手"为社会实现资源的最优配置找到了一条可行的途径，也真实地描绘了产业链的形成过程。吴金明、钟键能、黄进良（2009）进一步认为，产业链形成机制是一个基于"龙头企业"的需求拉动机制、基于"产业七寸"的创新驱动机制与基于"产业配套企业"的传导机制相互博弈互动的作用机理，这种"对接机制"是产业链形成的内模式，作为一种客观规律，它像一只"无形之手"调控着产业链的形成。此外，还有"企业内部调控""市场结构和行业间的调控"和"政府的宏观调控"这三只"有形之手"对产业链的形成进行调控。"无形之手"和"有形之手"的"握手"过程就是现实中产业链的形成过程和对产业链进行调控的过程，即产业链形成的外在模式。刘贵富（2009）认为，产业链形成机制可从两个视角进行研究：一个是理论视角，即借用经济学理论、管理学理论、生态学理论、社会学理论等相关理论分析产业链形成的动因；另一个是影响因素视角，主要是从静态视角和动态视角追溯引发产业链现象出现的主要因素，并加以总结、提高，得出产业链形成的动因。从企业的个体角度出发，企业加盟产业链的目的可以概括为价值创造最大化，经营风险最小化。为了实现这一目标，企业从两个方面进行管理：一是产业链创造的价值，包括降低生产成本和交易成本，提高收益；二是降低风险或不确定性（外界风险）。不同的理论实际上就从这两个方面出发，从不同角度考察了企业构建产业链的动因。游振华、李艳军（2011）分别从内因和外因分析产业链形成的动力因素，其中，内部动力因素包括降低交易费用、风险规避和创造、利用社会资本；外部动力因素包括区位优势、技术进步以及政府产业政策。严北战（2011）对集群式产业链形成的内在自增强机制——分工、集群与产业链互动关系进行了剖析。方亮、徐维祥（2016）在创业视角下创新集群形成机理研究中，提出创业企业集聚时产生的成本降低式，配套的创新企业和新创建的企业不断诞生，逐渐形成了以支柱产业为主导、以上中下游企业为配套的完整创新生态产业链。熊磊、胡石其和文泽宙（2018）研究分工视角下的产业链形成与演化内在机理时指出，产业链是一个融"产业分工、产业合作与空间产业构成"于一体的概念。

综上所述，产业链的形成机制在学术界也未达成共识，其观点大致可以归纳为三类：从微观角度，即企业角度的分析；中观角度，即产业角度的分析；宏观角度，即外部环境角度的分析。

（二）运行机制

产业链的运行机制是指驱动产业链正常运转，发挥其功能效应的内在机制。运行机制是产业链的调节器，机制到位就会对链上合作成员的行为发生有效的协调、约束与激励作用，从而使产业链处于良好的运行状态；反之，成员企业的行为就会发生紊乱，也无法形成有效的决策，产业链的经济活动就会扭曲变形。傅国华（1996）提出，运转产业链的关键问题在于科技进步和多元化的市场体系。蔡宇（2006）认为，经济系统的运行受利益机制驱动，合理的产品定价、价值流分析和利益分配，是产业链运行机制研究的核心问题，它包括四个紧密相连的问题：产业链中的各环节产品或服务的定价；产业链运行中的价值流分析和利益机制；围绕核心产业不同链条之间的协调机制分析；新产业环节（企业）的进入与无用（或过时）企业的退出机制。刘贵富（2007）明确提出产业链的运行机制主要有利益分配机制、风险共担机制、竞争谈判机制、信任契约机制、沟通协调机制和监督激励机制六种机制，并在此基础上建立了产业链运行机制模型图。李想（2008）在其博士学位论文《模块化分工条件下网络状产业链的基本构造与运行机制研究》中提出，由于产业链关系中更容易产生机会主义倾向，但其合作主体间的相互依赖性也相对更高，因此对信任的需求也相对较高，所以信任机制是产业链运行的重要基础。又由于经济系统的运行受利益机制驱动,任何经济组织都必须首先解决创造价值和分配价值两个问题。因此,价值生成机制是产业链运行的动力,利益分配机制是产业链正常运行的重要保障。熊磊、胡石其和文泽宙(2018)指出了对产业链发展运营影响较大的两类因素:一方面,国家战略、区域经济一体化政策、产业政策三个维度引导或制约产业链的发展;另一方面,市场规则、法律体系和社会环境等因素也影响着分工网络内部的交易效率。

(三) 演化机制

产业链不是处于静态、绝对的稳定状态,而是动态的发展演化状态,直到最近几年,学术界才开始关注产业链的动态演化问题。唐浩、蒋永穆(2008)基于转变经济发展方式要求,从理论上和实践中对产业链动态演进的内涵及五种模式,并结合典型企业分析和总结了产业链从初级向高级动态演进的趋势:形成初期的纵向生产链、形成中期的配套协作链、加快发展期的循环生产链、成熟期的供应关系链、蜕变期的文化价值链。涂颖清、杨林(2010)利用演化经济学理论,从环境驱动、多样性驱动、选择驱动三方面来对产业链演化的驱动因素进行分析,并分析了产业链演化的竞争、合作和协作这三个阶段。

(四) 稳定机制

产业链的稳定机制是指产业链在资源引入、各因素干扰、环境影响的作用下,不断演化、发展,并能保持产业链条的完整性、不断裂与有效运转的内在作用机制。蒋国俊、蒋明新(2004)在《产业链理论及其稳定机制研究》中总结了推动产业链稳定运行的三种机制即竞争定价机制、利益调节机制和沟通信任机制。在此基础上,蒋国俊形成了其博士学位论文《产业链理论和稳定机制研究》(2004)。其观点有:在竞争定价机制、利益调节机制和沟通信任机制等共同推动下,产业链是可以稳定运行并不断发展壮大的。同时,提出产业链在不断适应市场竞争的过程中保持稳定,由于产业链不是封闭的,而是开放的,因此当外部市场出现一个完全可以替代产业链中的某个企业而价格更具优势时,或成员企业的长期收益低于其长期机会成本时，产业链不排除有更好的选择。在此之前，产业链内的稳定机制会及时发出预警信号，提醒有关企业共同采取必要的措施，这也体现了产业链战略联盟较之一般市场交易关系的优越性。产业链的优势组合是长期战略联盟的体现。产业链在特定企业间长期战略联盟的稳定性取决于相关企业间价值与利益的平衡。从严格意义上说，蒋国俊（2004）的研究更多地还是站在微观企业视角，对产业链条以及链条外其他经济关系很少涉及。任迎伟、胡国平（2008）在《产业链稳定机制研究——基于共生理论中并联耦合的视角》中比较分析了产业链系统串联耦合与并联耦合的两种模式，提出有效解决产业链条系统不稳定与低效率问题的方法。

可以看出，目前对产业链内在机制的研究还主要集中于对产业链形成机制的研究，对其他机制的研究成果并不算丰富。由此可见，对产业链的理论研究尚处于研究其概念内涵和形成原因的初级阶段，而对其他更深入内容的研究还有更长的路要走。

二、关于产业链内部关系的研究

（一）产业链纵向关系

产业链内部关系包括纵向关系、横向关系和空间关系，而目前的大多数文献较为关注的是产业链纵向关系的研究。吴金明、邵昶（2006）和刘贵富（2006）等学者在对产业链形成机制和产业链分类的研究中，根据产业链形成的市场交易式、纵向一体化、准市场化和混合式的四种模式，将产业链分为市场交易式、纵向约束式、纵向一体化三种类型，或者将产业链分为市场式交易模式、模块式治理模式、关系式治理模式、控制式治理模式和等级式治理模式五种类型。这些研究内容已经涉及了对产业链纵向关系的研究。于立宏、郁义鸿（2006）在《基于产业链效率的煤电纵向规制模式研究》中以产业链整体效率为基准，归纳了7种煤电的纵向价格规制模式，提出了"基于产业链规制"的概念，并对相关辅助政策提出了建议。唐步龙（2007）在其博士学位论文《产业链框架下江苏杨树产业纵向协作关系研究》中，按照杨树产业链中主要产业阶段的先后顺序，研究了杨树产业链的纵向协作关系，提出提高杨树产业链纵向协作密切程度的政策建议。张雷（2007）在其博士学位论文《产业链纵向关系治理模式研究》中探讨了产业链纵向关系治理模式的影响因素，从产业链纵向关系治理的视角，分析了中国汽车产业链纵向关系治理模式的演变历程、未来调整与创新的方向。侯淑霞等（2008）在其博士学位论文《乳品产业链纵向组织关系的经济学分析》中探讨了新的乳业产业化经营的纵向组织关系。杨蕙馨等（2009）在《产业链纵向关系与分工制度安排的选择及整合》中提出成本与收益的比较是决定分工制度安排选择的主要因素，成本与收益的变化又决定了分工制度安排的进一步整合，认为通过实施不同的产业链纵向关系可以实现不同分工制度安排的选择与整合。潘啸松、陈慧慧（2011）根据我国汽车产业的现状，运用两阶段寡头古诺博弈模型，改进了过去企业纵向关系研究的"两分法"模型，并添加了自制率、交易成本和规模经济等变量，分析了汽车生产企业选择零部件自制或外购的原因，并得出了最优一体化程度是上下游企业两阶段古诺博弈得到的纯战略纳什均衡结果的结论。袁静、毛蕴诗（2011）从供应商的角度分析了中国制造业纵向交易中不同交易治理机制的绩效差异，并提出了纵向交易的四种治理模式：强契约型、强关系型、契约关系并重型和契约关系俱弱型。刘峰（2011）在其博士学位论文《中国茧丝绸产业链纵向合作关系研究》中对茧丝绸产业链系统分析的基础上，重点对蚕茧生产与收购加工环节间纵向合作关系的形成机制、博弈模型、实证分析和对策建议等问题进行了较深入系统的研究，尤其从动力机制、传导机制、促进机制、保障机制四个方面探讨了蚕茧生产与收购加工环节纵向合作关系的形成机制。产业链纵向关系的研究引起学术界关注主要是因为产业链从形态上就表现出的是一条纵向链条，其最基本的关系就是链条上各环节之间的关系即纵向关系，运用的方法多是源于企业理论中对纵向一体化的研究的交易费用理论、契约理论、治理理论等。张莹、肖海峰（2016）通过博弈模型对农业产业链纵向协作进行分析，分析市场交易、合同、合作社以及纵向一体化等多种纵向协作模式的运作方式及其优缺点。实证结果表明，农业产业链纵向协作优化的路径是由合同模式逐步向合作社模式发展。李凯、郭晓玲（2017）从企业组织结构和协同效应角度考虑垂直整合行为，对由垂直整合策略引发的反竞争效应和效率增进效应进行探讨。

（二）产业链的横向关系

产业链的横向关系即同一产业链节点上不同企业之间的关系，较少有人关注。具有代表性的是，丛亮、曾剑秋（2007）提出我国手机产业链应该效仿电脑行业，进行横向分层，细化产业分工，以降低整体成本，提高手机质量。杨洵（2008）采用博弈论分析工具分析了在产品同质化条件下企业选择对抗或协作的经济绩效。结果发现，各企业产品并不必然导致过度竞争和恶性竞争，在完全信息条件下，如果企业能够放弃简单粗暴的对抗策略，选择某种程度的协作即实现产业链的横向整合，则不仅能够提高自身收益，获得更高的均衡产出，而且有利于降低产品的单位成本，提升企业竞争力，同时能够改善社会总体福利水平。李伟（2016）将产业链的横向关系具体分为产业链上同一生产环节的企业在集聚过程中形成的合作与竞争关系、一定地域空间范围内不同产业链上的企业或机构之间建立的技术经济联系。庄晋财、陈聪（2017）认为，不同类型的技术促使农业产业链演化呈现不同形态：产品技术推动农业生产纵向型分工；辅助技术推动农业生产横向型分工；模块化技术推动农业生产模块化分工和产业融合。其中，农业产业链横向演化是指随着辅助技术的推动，不同产业链的相关环节出现链接，呈现横向型分工，具体表现为农业产业链与其他行业相互交叉、渗透。

（三）产业链的空间关系

随着"空间"这一概念在经济学中的流行，以及产业链各环节在产业现实中的空间属性，学术界也开始关注产业链中的空间关系，特别是指产业链的空间分布问题。吴金明、邵昶（2006）在提出产业链的概念时，就认为产业链的思维概念框架中"线和线"的链接就是空间链维，是指同种产业链条在不同地区间的分布。刘贵富、成晨（2007）认为，产业链除具有产权属性外,还具有空间结构属性。产权属性是指纵向链条的各个环节分别属哪个企业所有,空间属性是指纵向链条的各个环节的地理位置分布。黄宗远、徐寿波(2007)分析了产业链的全球性布局,并且根据产业结构系统中的关联关系特点提出的产业链拓扑结构示意图,描述了产业链在全球化背景下的空间结构形态。龚勤林(2007)认为,产业链有宏观和区域两种空间考察视角,他从区域空间的角度考察了产业链表现出明显的空间非集中分布特征,并从产业部门对优区位的追逐、微观经济活动指向性以及国家宏观产业布局等方面解释了这种空间非集中分布产生的原因。沈丽珍、黎智辉和陈香(2009)提出运用产业链理论,通过研究产业价值链、供需链、企业链和空间链的方法把握工业区的内生机制,构筑工业区产业规划框架,在产业支撑的骨架下进行合理的工业区产业空间布局,并以案例分析了盘锦船舶工业园区的空间规划布局。王静(2010)研究了"关中—天水经济区"内部经济总体差异,并在分析其产业组织的基础上,提出了"关中—天水经济区"的核心6市1区的产业空间构建思路。傅国华(2009)把热带农业产业链理论观点推广应用到海南省与东盟热带农业合作与发展上,提出构建"东盟农业生产基地+海南农产品加工与物流配送+中国市场和非热带地区的市场+实现产业链整链效益"的热带农业空间产业链发展模式,以此来促进海南省与东盟热带农业合作的又好又快发展。

三、产业链空间演变相关研究

(一)产业链空间动态演化的内涵与模式

李晓华(2005)在探讨产业组织垂直解体的空间发展时,指出价值链具有所有权属性和空间结构属性,后者指纵向链的各生产环节的地理位置分布。张辉(2006)从经济全球化的角度审视生产链发展中的协调和控制问题,提出随着经济一体化的发展,生产链各环节显露出全球离散的布局特点。生产链诸多功能环节在地理空间上呈分离状态,同时各自发展集聚，形成一个按照附加值尺度衡量具有典型等级特征的空间等级体系。龚勤林（2007）在进行产业链的空间分布特征研究时，发现产业链具有明显的空间指向性，优区位指向引导产业链或者集中或者分散地布局在不同的经济区位。这种空间指向性具体表现为资源禀赋指向性、劳动地域分工指向性和区域传统经济活动指向性。唐浩、蒋永穆（2008）结合典型企业分析和总结了产业链从初级向高级动态演进的趋势，认为在产业链形成初期产业链发展主要在某一个企业内进行，这一时期在区域地理空间上呈现出逐点发散的状态。鱼晓惠（2011）针对产业链布局上的断裂性、单一性和孤立性等问题，综合产业链纵向控制模型和城市规划相关理论，提出了煤炭产业区域点轴发展、工业聚集区链状发展、城乡统筹镶嵌式组团状发展的空间模式。马国霞、朱晓娟和田玉军（2011）则认为，产业空间集聚程度的大小与产业自身的生产特性密切相关。高新技术产业和一些规模经济性强的资本技术密集型产业的空间集聚性较强。传统产业聚集定位的规模经济利益和其他经济性不明显，空间分布也随之分散。许德友（2016）基于距离型成本视角构建产业链空间分离与转移模型，探究了产业链的空间选择过程，研究发现：距离型成本及其变化决定了生产环节相对于研发、营销环节的空间区位。距离型成本、要素成本、市场规模共同决定产业链中各环节的空间分离与转移。

（二）产业链空间动态演化的规律与机制

赵红岩（2008）将产业链的演进过程总结为"规模经济—专业经济—模块经济—网络经济"四个阶段，并明确指出其具有产业链的整合效应、知识溢出效应、资产专用性效应和亚市场的优势效应等功能特性。高伟凯（2010）将产业链分类为单纯产业链、合群产业链、交叉产业链，并在此基础上通过对产业集聚度和竞争力的计算来衡量产业链集聚与产业竞争力的关系。程李梅、庄晋财等（2013）把握产业链的空间演化的动态特征，关注其从纵向延伸到横向拓展，从区域内到区域外，从"点"到"线"再到"网"的内在的规律性，并将其具体分为不同演化形态下的区域内纵向延伸、区域间纵向延伸、区域内横向拓展、区域间横向拓展、产业链网络结构五种模式。周静（2016）在对全球产业链演进新模式进行研究时提出随着互联网技术在生产体系中的广泛应用和生产方式的逐渐演化，产业链上下游在互联网平台上集聚企业均以用户为核心，以散点形式分布在周围。区别于温特式产业组织的点—轴模式产业结构，分布式制造将成为未来重要的生产方式。通过东北林业产业链演进与成长的研究，李伟（2016）发现东北国有林区林业产业集群的演进路径包括区域内企业的简单集聚、产业链纵向分工的形成、产业链横向关系的深化和集群企业发展的网络化等阶段。王伟（2017）将产业链演化阶段划分为初级、中级和高级阶段，发现初级阶段产业链只具备少数几个环节，链条尚不完整；中级阶段产业链横向线性的平行扩张，纵向延伸有限；高级阶段产业链上核心企业的节点位置出现更替、迁移，逐渐偏离资源轴，产业链空间突破区域限制。庄晋财、卢文秀和华贤宇（2018）指出，产业链的空间演化分为从垂直一体化到垂直解体、模块化和网络化这三个阶段，并认为各环节基于对优势区位的追逐形成了各环节整体联系密切、空间各自分散的布局，分工演进的过程中形成了产业链空间分置的现象。

四、产业链理论评述

从以上关于产业链研究的理论文献成果，可以看出，关于产业链理论研究成果之丰富和繁多。大体可以总结出如下六个特征：

第一，从学科分类和理论发展进程上看，这些理论基本上都是一家之言，不同的学者研究视角和研究方法均不相同，所得出的研究结论也是众说纷纭，被众多学者认同且形成固定成果的研究文献十分少见。导致了产业链这一被广泛提及的概念虽然经常见诸报端，但是都是引而不用，不知具体为何物。我们从对产业链的概念综述中就能看出这一点。在农业产业链研究中，往往将农业产业化经营与产业链相提并论，造成两者之间的概念、界限模糊。在制造业产业链研究中，将增加中间产品的加工、制作视为产业链的延伸，从而将所有相关部门都包含在一条产业链内，把企业之间的产供销关系理解为产业链，造成产业链内涵的模糊。对产业链内涵缺乏深入理解，造成了产业链概念的滥用。

除了对产业链概念的理解比较混乱之外，对产业链也尚未形成统一的认识和系统的理论。因此，造成产业链相关术语的混乱、模糊使用。如对于产业链构建，有的将其称为产业链打造，有的将其称为产业链培育；对于延伸产业链则被称为加长产业链或延长产业链。

概念是理论体系的基石，也正是因为"产业链"这个最核心的概念无法给予一个明确的广受认同的定义，所以产业链理论并未发展成为一个产业经济学的分支，也没有形成完整的理论体系。目前，产业链研究的核心和最重要的任务仍然是界定其概念内涵、分类及其形成机理等这些最为基本的理论问题。

第二，目前对于产业链的研究多侧重于理论上的定性分析和描述而缺乏相应的量化的数据资料分析。因此，使研究过程和结果严谨性和准确性不足，缺乏说服力。同时，对于某一具体产业链的系统研究大多集中于农业领域，而对于占国民经济重要主导地位的工业制造业等产业链的系统和实证研究较少，与这些产业在经济发展中的地位不相符。

第三，产业链的研究成果虽然丰富，但是我国学术界对于产业链的理论研究还比较浅显，对产业链的微观构建原理、构建模式、运行机理、培育等的理论研究不足，对进一步研究产业链缺乏指导性，并且没有深入分析和研究产业链各环节之间的不同，对产业链环节间的重要性及关联性缺乏研究。同时，对于应用型产业链的研究多浮于该产业的表面现象，只进行了笼统的分析和阐述，提出了简单的延伸或加长产业链的建议，而没有对具体产业链进行系统的分析研究，研究的深度和力度不足。较高质量的研究成果也很缺乏，这些理论文献绝大多数发表在非常普通的期刊杂志上。

第四，这些丰富的理论研究成果并不能只简单地做孰优孰劣的区分，各种文献也没有表现出足够的批判继承和发展的关系，绝大多数文献之间关联性不大，所以在进行文献综述时并不容易评论谁的理论是对谁的继承和发展。它们都只是从不同的方面和角度对产业链进行了分析，提供了多种研究视角。虽说如此，但是我们还是可以从文献发表的期刊层次判别研究成果的价值,比如,发表在《中国工业经济》上的产业链理论文献,无论从论文引用率,还是从问题的分析深刻程度,都可以看出它们代表着产业链理论研究的最高成果。

第五,在未来的研究方向上,在一般性理论研究方面,概念内涵及其形成演化机理仍然是最基本和最需要解决的理论问题,若这些问题不解决,产业链理论体系无法得到完善,理论发展也很难前进。一般性产业链理论较难突破,就引发了另一个研究主题,就是对具体产业链的研究。由于研究对象限定范围较小且比较明确,这类研究正在迅速发展,如生态产业链、农业产业链、区域产业链等。目前尚未涉及而未来可能成为一个热门研究方向的是纳入了"空间"因素的产业链研究,即空间产业链理论。随着克鲁格曼获得2008年诺贝尔经济学奖以及新经济地理学的巨大发展,空间因素已经逐渐引起了主流经济学家们的关注。在现实中,一条完整的产业链也不可能都集中于同一个空间区域内,随着产业分工的深化,空间属性在产业链的构建和整合中将越来越重要。

第六,产业链概念是中国化的概念,是完全由中国人自己提出的经济学理论,在国外并无"产业链"概念及理论。目前很多对产业链进行评述的文献都会对价值链、供应链、纵向一体化、横向兼并等进行综述以作为产业链理论的综述,实际上这并不准确。国外的价值链概念、产业组织理论、企业理论等都可以作为产业链的理论基础,是产业链的思想来源,为了避免研究目标的泛化,本书在对产业链进行理论综述时,并未涉及国外文献,因为国外文献即使有与产业链相似的论述,也不是把产业链作为对象来研究,比如与产业链纵向整合相似的企业纵向一体化。由此可见,产业链概念及理论的国际化也是国内学术界研究产业链的学者们的一项重要任务。

第三章

产业链空间演变的理论逻辑

产业链是产业组织的中间组织形态，产业链环节或工序是相互协作和配合的分工关系。从空间视角来看，每一个产业链工序都必须在一定的地域空间内开展生产，或在同一地区，或在不同地区。因此，产业链整体形成了基于一定空间范围的分工关系，在同一空间或不同地区空间范围内容进行结构演变。

第一节　产业链的空间分工

一、产业链空间组织的分工属性

产业链的生产方式是与一个产品的所有生产环节都在一个企业内部进行的垂直一体化的生产方式相反的，没有产业分工就不可能产生产业链。产业链空间组织的形成是以产业空间分工为基础、某种产业的不同生产工序或区段在空间上分布到不同的空间所形成的生产组织模式。要想更深入地分析产业链空间组织的构造，就必须搞清楚这种产业空间分工是什么样的形式。在学术界能够描述这种分工现象的有产品内分工、垂直专业化分工、全球价值链分工及要素分工等。它们内涵十分相似，都是指同一产品的生产环节在纵向上的分布，但是这些概念还是有所差异。

产品内分工的概念由 Ardnt 于 1997 年首次提出，我国学者卢峰对其进行了深入研究。卢峰（2004）认为，产品内分工的核心内涵是特定产品生产过程不同工序或区段的跨国界的空间分离，从而形成全球性质的生产链条或体系。卢峰的这一定义在一定程度上描绘了产业链空间组织依据产品不同工序进行全球资源配置的状况，突出了这种新型国际分工的生产性质，却忽视了为生产而贸易的属性，容易让人把产业链空间组织分工局限在有形产品范围内，仅仅从生产制造的技术流程角度去理解，而忽视了产业链空间组织分工的范围不仅包括有形产品，还包括无形产品，如产品的销售、贸易及价值实现的领域，还包括产品生产之间的研发和设计。如果用"产品内国际分工"来表述天然橡胶产业链空间组织的分工模式，就很难将橡胶树苗的研发和培育、销售等环节包含进来，因此，不宜从"产品内国际分工"来描述天然橡胶产业链空间组织。

垂直专业化分工是由 Balassa 最早提出的概念，Hulnlnels、Papoport 和 Yi（2001）在此基础上不断完善，提出了垂直专业化必须具备三个条件：①最终产品的生产过程由多个连续的可分解的过程或环节构成；②至少有两个以上的国家分别在产品生产过程的某一个阶段从事专业化生产；③至少有一个国家在生产过程中使用的投入品是通过进口取得，其产出的部分产品又被出口。这种描述很符合我们所设想的天然橡胶链在东盟国家及中国之间的垂直分工，但是价值链条的全球分工并非都是以垂直专业化的形式存在的，也包括水平的价值链分工。在天然橡胶产业链中就存在着水平分工，虽然天然橡胶产业链的上游环节的产出是天然橡胶，即我们通常所指的是从巴西橡胶树上采集的天然胶乳，经过凝固、干燥等加工工序而制成的弹性固状物，但是下游加工环节的所生产的轮胎、线缆、胶带胶管等中间产品就属于水平分工。如果我们从技术角度出发会发现，即使是天然橡胶上游环节根据不同的制胶方法可制成烟片、风干胶片、绉片、技术分级橡胶和浓缩橡胶等不同水平多样化产品。实际上，任何一条产业链不仅仅只有一条从上游到下游的单一链条，每个环节内部都或多或少地存在水平横向分工。虽然"垂直专业化分工"突出了价值链分工的典型特点，但是却不能涵盖全部。以"垂直专业化分工"描述这种新的分工难免有些以偏概全，容易产生误解。

"要素分工"的概念由我国学者张二震（2002）、张幼文（1999，2005）等提出。他们认为，在国际分工程度较低时，参与国际间迂回生产的中间产品较少，国际分工更多地出现在产业分工或产品分工。随着国际分工深化，生产过程的迂回程度不断深化，原本在技术属性上一体化的生产环节从迂回生产的产业链条不断地被分化出来。当国际分工越来越深入到零部件或工序时，参与国际分工的中间产品更趋细化和专门化，中间产品的功能专业化服务水平也越高，生产投入要素也就越来越专门化，中间产品就越来越体现为要素的特征。这种中间产品的分工最终使国际产业分工表现为以要素为界限的分工。要素分工重视世界范围内产业链分工的基础，与新古典的要素禀赋理论一样强调国际分工贸易的根源，具有较为浓厚的古典经济学色彩。但这里的要素其实是指下一生产阶段投入的原材料，其内涵与要素禀赋理论所包括的劳动力、资本、技术等要素容易产生混淆，要素分工在名称上很难把这种新的分工形式与传统分工形式区分开来，不能涵盖产业链空间组织分工的全部内涵。

产业链空间组织的本质是全球价值链分工在产业上的体现，即某一产业特定产品价值链的诸多环节和工序跨国界或地区分工连续生产，同时伴有中间品进口和最终产品出口的产业链分工形式。格瑞菲（1998）最早提出了全球价值链这一概念，国内学者王辑慈（2001）、张辉（2004）较早接受全球价值链分工的思想，并围绕有关全球价值链分工与产业发展问题做了大量的研究。全球价值链分工突出了不同国家和地区在全球生产和创造活动中价值链环节的联系，本身就突出了国际分工的性质，也突出了发展中国家在这个分工中的贸易利益与发达国家的不对等关系，可以囊括各类分工的形式，最符合产业链空间组织的本质。首先，在新型国际分工下，分工不仅发生在不同产业的价值链之间，同一产业不同产品的价值链之间，更多地发生在同一产品不同价值链环节之间。全球价值链分工可以充分凸显出当代以价值链及其环节为基本内容的分工特征。其次，新的国际分工格局不再仅仅是传统意义上以各国比较优势为基础的劳动密集型、资本密集型和技术密集型产业之间的分工，也可以是同一产品不同价值链上具有劳动密集、资本技术密集或者其他要素密集性质的各个环节之间的分工。全球价值链分工强调了分工在全球价值链上的整合,体现出分工基础的根本变化。最后,当代国际分工一个最基本的思路就是跨国公司依据价值增值能力的不同而在全世界进行资源配置。全球价值链分工可以充分体现出价值链不同环节增加值和赢利水平的差异,从而体现出分工的"价值等级体系"本质。

二、产业链空间组织的实质

产业链由价值链衍生而来。迈克尔·波特(Michael E. Porter)于1985年提出的"价值链"(Value Chain)是指"企业创造价值的过程可以分解为设计、生产、营销、交货以及对产品起辅助作用的一系列互不相同但又互相关联的经济活动的总和构成了产业的价值链"。由于产业内分工的纵深发展,创造价值的活动由一个企业为主导分离为多个企业活动的相互连接,构成了价值链的上下游关系,这种上下游之间的链条关系就形成了产业链,而这些个链条的各个环节分离进而分散到不同的区域空间就产生了产业链空间组织。因此,产业链空间组织具有企业和市场双重属性。

企业是产业链空间组织的节点,企业之间有三种主要关系及其契约形式,即纯粹的市场交易关系、产权关联式关系(体现为企业通过收购、并购、持股、控股、参股等形式对其他企业进行控制)、准市场式关系(即企业间通过"关系型契约"所建立的较稳固的关系)。相应的"契约形式"有:"市场交易式"契约——纯粹的商品买卖合同、"产权契约"——企业持股或控股数量与质量的制度安排、"关系型契约"——既非产权又非完全商品交易的契约关系。按照上述关系和契约形式,可以把产业链的形成模式分为市场交易式(市场交易关系、市场交易式契约)、纵向一体化式(产权关联、产权契约)、准市场式(准市场关系、关系型契约)三种。

如果产业链中的企业之间是完全的市场交易关系,企业在产业链中的地位平等,靠供需链而组成一个有机的链条,则这是一条市场交易式产业链。在天然橡胶产业链中也存在不少这种形式，如天然橡胶加工厂向附近的农户收购胶水、加工厂将干胶销售给深加工企业等。如果产业链的形成是由核心企业通过向产业链上游和下游的纵向一体化扩张而形成的产业链，产业链中的企业同属于一个企业集团或总公司，有着产权的关系纽带，总公司或集团公司通过控股或自建等方式对其他企业保持着强有力的控制，靠企业间的产权纽带形成一个产业链，那么它就是一种在产业链内部进行"自给自足"的模式。即使这个产业链的不同环节分散在不同的空间范围形成产业链空间组织，这个产业链也表现出企业性质，是企业内部的产业链。如海南天然橡胶产业集团，不仅拥有生产种植园、加工厂，而且从事物流和贸易，实际上企业内部就存在着一条产业链。

无论是在市场上还是在企业内，资源配置和价值创造的市场机制和权威机制都是共同存在的。尤其是在产业链的不同工序和环节相互分离之后，产业链内的交易过程更加复杂，契约关系更加多样化，市场与企业相互联结、相互渗透，企业内有市场，市场上有企业，这种联结与渗透最终导致了企业间复杂的中间性组织形式，如战略联盟、价值网络、虚拟组织、价值星系等形式。因此，产业链空间组织应该是一种网络组织。王玲和张金成（2006）提出，网络组织是介于市场和企业层级之间的一种企业合作组织形态，具有市场和企业双重性质，是与市场、企业科层组织并列的又一种资源配置制度安排。也就是说，网络组织的最基本特征就是企业及社会组织之间的一种制度安排。因此，产业链空间组织是一种新的准市场式产业链，其本质特征是一种合作竞争型准市场组织，是介于市场和企业之间的一种制度安排。产业链空间组织就是以实施契约为目的而进行运转的，履行由各个价值模块企业签订的一组不完备的要素使用权的特殊交易契约的过程，具有企业与市场的双重性质。

第二节 产业链空间演变的基本原理

本节借鉴 Amiti（2005）的模型，构建了一个基于产业垂直关联的新经济地理学模型,来分析产业链的空间演变。

一、基础模型

(一)模型基本假设

假设工业产品生产存在规模经济和报酬递增特征,是一个不完全竞争市场。农业品生产是完全竞争市场,规模报酬不变。工业产品生产需要两种要素投入:劳动力 L 和资本 K。最终产品生产涉及上游工序 u 和下游工序 d 两个生产环节,上游工序生产中间产品,下游工序生产最终产品,中间产品和最终产品都是差异化产品。若遵循一般新经济地理学模型假设,每个企业只生产一个产品,于是企业数量就等于产品种类。每个工序都需要劳动力和资本作为要素投入。除此之外,下游工序还需要中间产品作为投入,上下游生产工序存在要素密集度差异。

南部 S 和北部 N 两个地区之间存在要素和市场规模的差异,南部地区相对发达,资本较为充裕,北部地区相对欠发达,劳动力较为丰富。南北两地之间存在贸易成本,包括由于空间距离而生产的运输成本、贸易壁垒、贸易协调等,且上下游产品在两地之间的贸易成本是存在差异的,分别为 τ_u 和 τ_d。贸易成本仍采用萨缪尔森的冰山成本形式。假设初始状态下上下游产业链环节都集聚在南部地区。农业品无贸易成本。

两地消费者的偏好相同,效用函数采用 C-D 函数形式如式(3-1)所示:

$$U = M_d^\theta A^{1-\theta} \tag{3-1}$$

其中,M_d 为下游工业最终产品 d 的消费集合,A 为农产品的消费量,θ 为常数,表示最终产品的支出份额,则 1-θ 为农产品的支出份额。工业最终品是一组差异化产品的消费集合,其消费数量用不变替代弹性(CES)效应函数表示,如式(3-2)所示:

$$M_d = \left[\sum_{i=1}^{n_d} (c_{di})^\rho\right]^{\frac{1}{\rho}}, \ 0 < \rho < 1 \tag{3-2}$$

其中，c_{di}表示产品最终产品i的消费量，n_d表示最终产品的种类数量。ρ是参数，与最终产品的差异化程度呈反向变化，即ρ越小，产品差异化程度越大，产品的替代弹性越小，替代弹性$\sigma=\dfrac{1}{1-\rho}$。

由效用最大化条件可得下游最终产品i的需求量，如式（3-3）所示：

$$c_{di}=\frac{Yp_{di}^{-\sigma}}{P_d^{1-\sigma}} \tag{3-3}$$

其中，p_{di}表示下游工序第i种产品的价格，P_d表示下游工序的价格指数，Y表示消费者的收入水平，也即市场规模。

（二）生产行为

每个企业具有规模报酬递增的生产技术，上游工序每个企业的生产函数如式（3-4）所示：

$$L_{ui}^{\alpha}K_{ui}^{1-\alpha}=f+\beta q_{ui} \tag{3-4}$$

上游工序生产企业的利润如式（3-5）所示：

$$\pi_{ui}=p_{ui}q_{ui}-w^{\alpha}r^{1-\alpha}(f+\beta q_{ui}) \tag{3-5}$$

利润最大化条件为：$\dfrac{\partial \pi_{ui}}{\partial q_{ui}}=\dfrac{\partial p_{ui}}{\partial q_{ui}} \cdot q_{ui}+p_{ui}-w^{\alpha}r^{1-\alpha}\beta=0$

由 D-S 模型的边际加成定价策略可以得到式（3-6）：

$$p_{ui}=\frac{\sigma}{\sigma-1}w^{\alpha}r^{1-\alpha}\beta \tag{3-6}$$

下游工序的生产需要以上游工序产品作为投入，则下游工序每一种最终产品的生产函数如式（3-7）所示：

$$L_{di}^{\delta}K_{di}^{1-\delta-\mu}c_u^{\mu}=f+\beta q_{di} \tag{3-7}$$

其中，c_u^{μ}为上游工序的投入，μ为上游工序（中间投入品）对产出的贡献，即上下游工序垂直关联的度量，δ为劳动对产出的贡献，下游工序的边际产出与上游工序相同，也为β，q_{di}为下游工序最终产品i的产量。则下游工序企业的利润函数如式（3-8）所示：

$$\pi_{di}=p_{di}q_{di}-w^{\delta}r^{1-\delta-\mu}P_u^{\mu}(f+\beta q_{di}) \tag{3-8}$$

其中，P_u^{μ}为上游工序中间产品的价格指数。

由 D-S 模型可得下游工序企业的利润最大化定价策略，见式（3-9）：

$$p_{di} = \frac{\sigma}{\sigma-1} w^{\delta} r^{1-\delta-\mu} P_u^{\mu} \beta \tag{3-9}$$

为计算简化，令 $\beta = \frac{\sigma-1}{\sigma}$，则有式（3-10）：

$$p_{di} = w^{\delta} r^{1-\delta-\mu} P_u^{\mu}, \quad p_{ui} = w^{\alpha} r^{1-\alpha} \tag{3-10}$$

二、产业链空间演变分析

（一）产业集聚状态的利润分析

假设在初始状态下，产业链上下游工序都集聚在南部地区，最终产品在南部地区生产，并供应北方地区的市场。其中，南方市场的市场份额为 $\lambda = \frac{Y^s}{Y}$。由式（3-3）可知，南方市场对最终产品的需求为：$\frac{\lambda Y (p_d^s)^{-\sigma}}{P_d^{1-\sigma}}$。由于冰山运输成本的影响，产品从南部运输到北方市场，有 τ 比例的产品会"蒸发"掉，南部产品在北方市场的销售价格为 τp_d^s，此北方市场对在南部生产的最终产品的需求则为 $\frac{(1-\lambda) Y (\tau p_d^s)^{-\sigma}}{P_d^{1-\sigma}}$，从南部地区运输到北方市场的总量即为所有下游工序产品的总产量如式（3-11）所示：

$$q_d = \frac{\lambda Y (p_d^s)^{-\sigma}}{P_d^{1-\sigma}} + \tau \frac{(1-\lambda) Y (\tau p_d^s)^{-\sigma}}{P_d^{1-\sigma}} \tag{3-11}$$

将式（3-9）代入式（3-8）可得，生产下游工序产品企业的利润如式（3-12）所示：

$$\pi_{d0}^s = (w^s)^{\delta} (r^s)^{1-\delta-\mu} (P_u^s)^{\mu} \left(\frac{q_d}{\sigma} - f\right) \tag{3-12}$$

其中，q_d 由式（3-11）表示，π_{d0}^s 表示产业链上下游企业都集聚在南部地区时下游企业的利润，0 表示产业链集聚状态。

上游工序中间产品只供应南部地区，则上游产品的需求量如式（3-13）所示：

$$q_u = \frac{\mu E_d (p_u^s)^{-\sigma}}{(P_u^s)^{1-\sigma}} \qquad (3-13)$$

其中，E_d 为最终产品的总产出。

则生产上游工序中间产品的企业的利润如式（3-14）所示（集聚状态下）：

$$\pi_{u0}^s = (w^s)^\alpha (r^s)^{1-\alpha} \left(\frac{q_u}{\sigma} - f\right) \qquad (3-14)$$

其中 q_u 由式（3-13）给出。

(二) 产业链空间离散化的利润比较

如果某道工序在北方市场生产的利润大于在南部生产，那么生产该工序的企业就会转移到北部地区，由此出现产业链空间离散化。如果是上游工序转移，那么意味着 $\pi_u^s < \pi_u^n$，如果出现下游工序转移，则意味着 $\pi_d^s < \pi_u^n$。

1. 上游工序转移

如果上游工序从南部转移到北部，那么需要从北部运输中间产品回南部供应最终产品生产。南部地区对北部中间产品的需求为 $\frac{\mu E_d (\tau p_u^n)^{-\sigma}}{(P_u^n)^{1-\sigma}}$，则北部地区中间产品的总产量为 $\tau \frac{\mu E_d (\tau p_u^n)^{-\sigma}}{(P_u^n)^{1-\sigma}}$。因此，当上游工序发生转移，上游工序的企业的利润如式（3-15）所示：

$$\pi_u^n = (w^n)^\alpha (r^n)^{1-\alpha} \left(\tau^{1-\sigma} \frac{\mu E_d (p_u^n)^{-\sigma}}{\sigma (P_u^n)^{1-\sigma}} - f\right) \qquad (3-15)$$

如果 $\pi_u^s > \pi_u^n$，有式（3-13）、式（3-14）和式（3-15），则有式（3-16）：

$$(w^*)^\alpha (r^*)^{1-\alpha} > (\tau_u)^{\frac{\sigma-1}{\sigma}} \qquad (3-16)$$

其中，$w^* = \frac{w^s}{w^n}$，$r^* = \frac{r^s}{r^n}$，分别表示南部和北部地区的劳动力和资本的相对价格，意味着如果上游工序为劳动力密集型产业，即 $\alpha > \frac{1}{2}$，且上游工序在北部生产的成本优势（基于要素禀赋的比较优势）大于与下游工序同时在南部生产而产生的部门间交易成本时，上游工序将向北部地区转移。

2. 下游工序转移

当 $\pi_u^s > \pi_u^n$，$\pi_d^s < \pi_d^n$ 时，上游工序不转移，下游工序转移时，下游工序在北部地区生产的利润如式（3-17）所示：

$$\pi_d^n = (w^n)^\delta (r^n)^{1-\delta-\mu} (\tau_u P_u^s)^\mu \left(\frac{q_d}{\sigma} - f\right) \qquad (3-17)$$

其中，$q_d = \dfrac{(1-\omega)Y(p_d^n)^{-\sigma}\tau_d^{1-\sigma}}{(P_u^n)^{1-\sigma}} + \dfrac{\omega Y(p_d^s)^{-\sigma}}{(P_d^s)^{1-\sigma}}$

下游工序转移意味着 $\pi_d^s < \pi_d^n$，可得式（3-18）：

$$(w^*)^\delta (r^*)^{1-\delta-\mu} > \tau_u^\mu \cdot \frac{\omega + (1-\omega)\tau_d^{1-\sigma}}{\omega\tau_d^{1-\sigma} + (1-\omega)} \qquad (3-18)$$

由此可知，下游工序的转移受到下游工序产品的生产成本、要素密集度、市场规模、贸易成本、产业前后向关联的影响。

参数 δ 和 $(w^*)^\delta (r^*)^{1-\delta-\mu}$ 反映的是劳动力要素密集度以及与其相关的生产成本，δ 越大，下游工序越表现为劳动密集型行业，要素价格的比较优势越强，越能促进下游工序企业向北部转移。

参数 μ 反映的是产业关联度。μ 越大，表示中间产品占比越大，是促使下游工序生产企业向上游企业靠拢的积聚力量。从式（3-18）可知，μ 越小，该式越容易成立。因此，μ 越小，下游产业与上游产业的关联效应越弱，下游工序生产企业越容易发生转移。

参数 ω 反映的是市场规模。如果 $\omega < \dfrac{1}{2}$，说明北部地区市场相对规模较大。此时 $\dfrac{\omega + (1-\omega)\tau_d^{1-\sigma}}{\omega\tau_d^{1-\sigma} + (1-\omega)} < 1$，如果 $(w^*)^\delta (r^*)^{1-\delta-\mu} > \tau_u^\mu$，则有 $(w^*)^\delta (r^*)^{1-\delta-\mu} > \tau_u^\mu \cdot \dfrac{\omega + (1-\omega)\tau_d^{1-\sigma}}{\omega\tau_d^{1-\sigma} + (1-\omega)}$。

这说明，在北部市场规模相对较大的情况下，只要下游工序在北部生产的成本优势能够弥补空间离散化与中间产品的交易成本，下游工序就可以实现转移。

如果 $\omega > \frac{1}{2}$，则说明北部地区市场规模相对较小。此时，需要 $(w^*)^\delta (r^*)^{1-\delta-\mu} > \tau_u^\mu \times \dfrac{\omega + (1-\omega)\tau_d^{1-\sigma}}{\omega\tau_d^{1-\sigma} + (1-\omega)}$ 才能实现下游工序的转移，即下游工序在北部地区生产的成本优势要能同时弥补市场规模较小的劣势以及与中间产品分离的成本效应。

第三节　产业链空间价值生成的内在机制

产业链的空间组织是一种在空间上的分工形式，与传统的、集中于同一区域的产业链分工最明显的区别在于产业链空间组织分工打破了传统分工中的区域边界，凸显出龙头企业在空间分工和贸易中的主体地位。通过跨越国界或地区界线的生产经营，龙头企业在更大的区域内进行最佳的资源配置和生产要素组合，主导和推动着产业链分工的深化和产业的可持续发展。

本节在借鉴全球价值链分工研究成果的基础上，再结合巴克利等的内部化理论、克鲁格曼的规模报酬递增理论，从企业生产成本的角度解析了产业链龙头企业在产业链空间组织中的价值创造机理：产业链空间组织的价值创造源于龙头企业的生产资源整合利用的比较优势效应、生产过程的规模经济效应、交换的价格倾斜效应和交易的转移定价效应。本书把这一几乎贯穿龙头企业公司生产经营全过程的四大经济效应统一在产品生产成本的平台上，以固定成本线和等产量线的图形直观地解析了产业链龙头企业获取的产业链空间组织的分工利益。

一、比较优势效应

假设有技术和劳动力两种要素、两个区域（A 和 B）、两条产业链。其中，A 区域在劳动力要素上具有比较优势，而 B 区域在技术要素上具有比较优势。假设分析的是产业链龙头企业，生产的产品为 R。产品 R 的生产环节由劳动力密集型产业链环节 1 和技术密集型产业链环节 2 组成，R 的单位成本为 $CR=CR_1+CR_2$。

假设开始时，产业链生产企业的所有生产环节都集中在 B 区域。在产业链空间组织分工前，企业的生产建立在 B 区域比较优势的基础上，在技术密集型产业链环节 2 具有成本优势，而在不具有比较优势的劳动力密集型产业链环节 1 上需要花费较大成本。而在产业链空间组织分工后，企业把本区域不具有要素比较优势的产业链环节 1 转移到劳动要素相对丰富的 A 区域，产品 R 的生产就不仅建立在本区域的比较优势基础上，而且还利用了 A 区域的比较优势，这样可以大大地降低产业链环节 1 的生产成本。跨区域的比较优势不再表现为产品上的比较成本优势，而是表现为产业链上的比较成本优势。产品的比较优势已经不再是一区域的比较优势而是融合进了跨区域或世界的比较优势。和传统集聚式产业链分工相比，以跨区域比较优势为基础的产业链空间组织分工对龙头的生产产生了十分明显的影响，如图 3-1 所示。

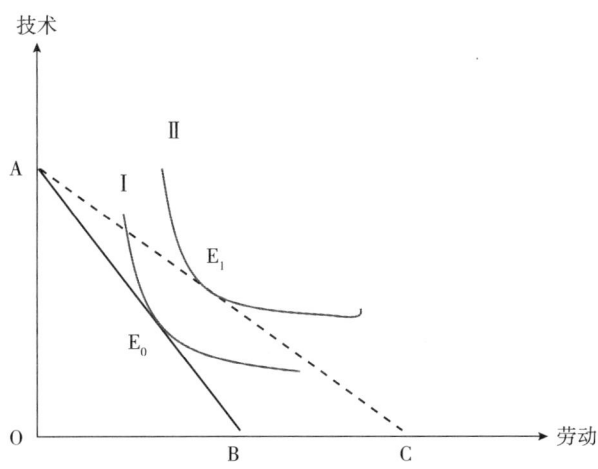

图 3-1　总成本不变时，比较优势扩大了产量

图 3-1 中的横坐标表示的是企业生产 R 需要投入的劳动力,纵坐标表示的是需要投入的技术,AB 是企业在产业链空间组织分工之前的等成本线,在一定的预算投入 CR(成本)下生产产品时,R 需要技术和劳动力要素的不同数量的组合。曲线 I 是企业的等产量线,等成本线 I 与等产量线 AB 相切于 E_0 点,这就是企业的最佳生产点,即在产业链空间组织分工状态,企业在总投入 CR 下所能达到的最大产量是 I。如果进行产业链空间组织分工,R 的产业链环节 2 仍然在 A 区域生产,其单位成本保持不变,而产业链环节 1 则转移到在劳动力要素更具比较优势的区域 A 进行生产,这时 A 区域进行产业链环节 1 的生产效率更高,单位生产成本更低,即产业链环节 2 的技术要素成本保持不变,而产业链环节 1 的劳动力要素成本降低了,同等的成本投入可以购买更多的劳动力要素。因此,在分工前后企业总生产成本不变的情况下,企业可支配的劳动力要素增加了。反映在图 3-1 中就是等成本线 AB 与表示劳动力要素的横轴的交点向外移动到点 E_1,产业链空间组织分工下的等成本线是 AC。在新的等成本线下,最优产量是与等成本线 AC 相切于 E_1 点的等产量 II 所代表的更高产量水平 II,即在生产成本(总投入水平)不变的情况下,通过把不同产业链环节放在与自身要素利用更具比较优势的地区,使产品 X 的总产量明显增多。如果从分工前后产量不变,而成本变化的角度来说,就是在产业链空间组织分工后,在产量不变的情况下,生产所使用的总成本下降了。

曲线 AB 和曲线 AC 都为等成本线,其成本从资金投入上来讲是相等的,但它们的位置不同,便是两者可支配的资源数量不同,AC 支配的要素更多。曲线 AB 使用的是同一个地区的生产要素,企业的竞争优势来源于一个区域的比较优势,曲线 AC 使用的是跨区域或世界的生产要素,企业的竞争优势来源于更大范围的比较优势。

二、规模经济效应

假设在产业链空间组织分工前,A、B 两区域都生产产品 R,总生产量是 Q。在产业链空间组织分工前,企业分别在 A 区域生产 Q_A 单位,B 区

域生产 Q_B 单位，$Q_A+Q_B=Q$。也就是说，从产业链环节看，空间分工前，A 区域既要生产 Q_A 单位的产业链中间产品 1，也要生产 Q_B 单位的产业链中间产品 2，B 区域同样如此。在分工后，A、B 两区域就不再生产分工前的 Q_A 单位、Q_B 单位的整产品，而是变成了分别生产 Q 个单位的产业链中间产品 1 和 Q 个单位的产业链中间产品 2。分工后 A 区域将只生产 Q 个单位的产业链中间产品 1，由于规模经济效应，A 区域生产中间产品 1 的平均成本要低于分工前生产 Q_A 个中间产品 1 的平均成本，而空间分工后 B 区域生产 Q 个中间产品 2 的平均成本也要低于分工前生产 Q_B 个中间产品 2 的平均成本。简言之，由于规模经济效应，产业链空间组织分工后龙头企业的平均成本肯定会低于分工前的单位成本。而且，由于分工后利用了跨区域比较优势，企业的产品单位成本进一步降低。在总成本不变的条件下，生产的产品就会更多，从而产品的每个生产环节都具有更大的规模经济，产品的单位成本会随之更低。平均成本或产品单位生产成本的下降，意味着相同的成本总投入可以购买到更多的生产要素，从而扩大生产量。反映在下图 3-2 中就是等成本线 AC 向外移到 DE 的位置，在总成本不变的情况下企业支配了更多的技术要素和非技术要素，均衡产量点由 E_1 移到 E_2。

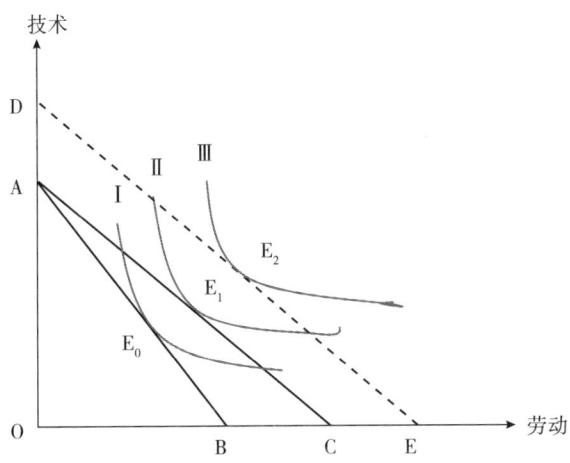

图 3-2 总成本不变时，规模经济扩大了产量

三、成本挤压效应

在产业链空间组织分工后,生产企业开始把不具备比较优势的劳动密集型产业链环节转移出去(尤其是转移到东南亚国家),在本地区集中技术密集型产业链环节。此时所有的产业链环节,无论是国外的劳动密集型产业链,还是国内的技术密集型产业链都统一在一个跨区域经营的企业内。在我国的制造业加工体系日趋成熟的形势下,跨区域经营的企业便逐渐专注于技术密集型产业链中的高附加值部分,而将更多的生产性环节分包给拥有更丰富资源和劳动力要素的中西部地区甚至东南亚国家。其他区域那些承担生产性环节的企业就被纳入了同一条受制于产业链龙头企业的产业链空间组织分工体系。更重要的是,通过把产业链环节延伸至要素更为充裕的地区,在更大范围内实现产业链空间组织分工后,企业可以更专注于产业链主导环节的运作与升级,而把其他辅助环节转移出去。在跨区域贸易中,产业链中间产品的交换利益通常会向处于能够获得高附加值的产业链主导环节的跨国公司倾斜。也就是说,在产业链中处于主导地位的技术密集型产业链中间产品与处在附属地位的劳动密集型产业链中间产品的交换很难遵循正常的市场交换价格,跨区域经营公司的技术要素和其他生产企业的劳动要素的交换价格被扭曲,技术密集型中间产品的价格由于高附加值而变得更高,引致技术要素的价格也会升高,而劳动密集型中间产品的价格由于附加值较低,交换价格也会被压低,而劳动要素的价格就会相应地被压低。在图 3-3 中,跨区域公司在总成本不变的情况下支配了更多的劳动要素,从 OE 扩张到 OF,固定成本曲线 DE 以 D 为原点往右旋转到 DF,生产均衡点也由 E_2 顺次移到 E_3。显然,成本挤压效应提高了公司的产量。

四、内部化效应

鲁格曼(Rugman)内部化是指在企业内建立一个内部市场的过程。

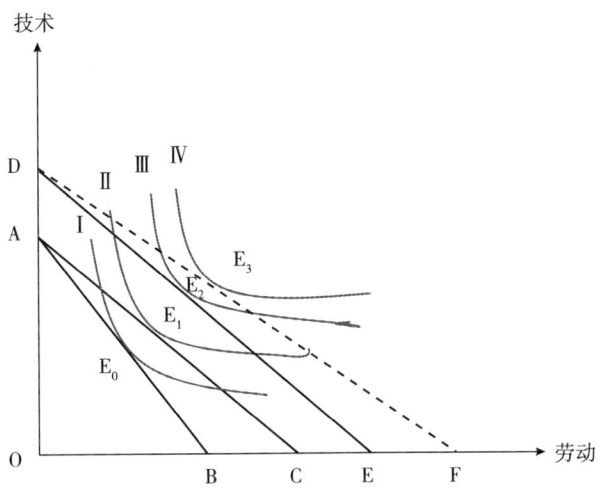

图 3-3　总成本不变时，成本积压扩大了产量

"在这个过程中，企业内部市场取代外部不规则市场，并且由行政命令来解决企业资源配置问题。企业组织由内部价格（或转移价格）来调节，并且使内部市场像潜在的规则市场一样具有效率"。根据内部化理论，把产品生产和交易涉及的多个市场纳入企业内部进行管理，是跨国公司追求利润最大化的一个有效途径。因为内部化可以大大地降低不同市场之间的交易成本，能有效避免其他行为主体的负外部性，从而提高自身的生产效率和经济利益。在产业链空间组织上，劳动密集型环节 1 和技术密集型环节 2 的交换虽然发生在 A 国和 B 国之间，但跨区域公司出于规避 A 地或 B 地较高的税收等原因，它可能并不遵循外部的市场交易规则，而是启动企业内部的交换机制，使交易价格不服从市场规则而服从本企业利润最大化的需要，如在企业账面上压低或抬高劳动密集型中间产品 1 或技术密集型中间产品 2 的价格，以便达到向 A 地或 B 地少交税额的目的。这种转移定价的企业内部行为增加了跨区域产业链的利润。企业利润增加时，我们可以视为利润不变而单位生产成本的减少。如图 3-4 所示，企业总成本不变的情况下，固定成本线支配的技术要素和非技术要素都增加了。固定成本线 DF 移动到 GH 的位置，产量均衡点 E_3 也依次移到 E_4 的位置。企业利益又一次增加。

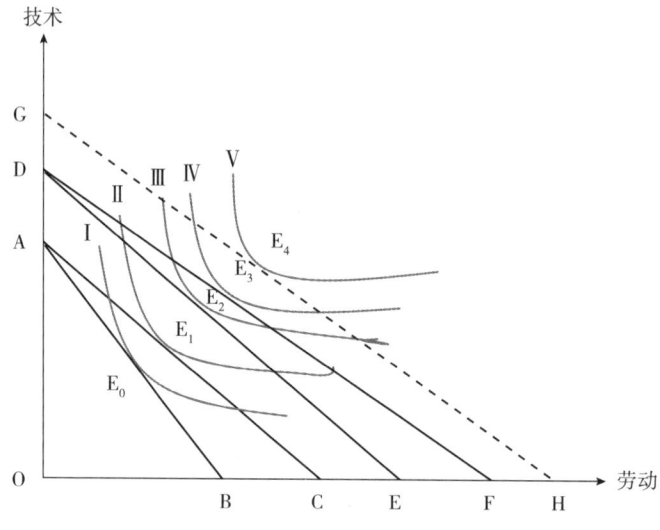

图 3-4　总成本不变时，内部化效应扩大了产量

第四节　产业链空间效应

一、基于产业链分工的空间效应

产业链空间离散化之后，不同区域之间就建立起了基于产业链分工的产业关联关系，这有利于推动不同区域之间的协同发展。其主要原因在于空间离散型产业链能通过区域间溢出效应、区域间反馈效应等空间关联效应，加强不同区域之间的经济合作和交流。溢出效应指某一地区经济的发展对另一地区经济发展的单向影响，而反馈效应表示某一地区经济的变化在对另一地区经济产生影响的同时，另一地区经济的变化反过来对该地区经济产生的影响。这种空间关联效应可以运用区域间投入产出模型进行

识别。

区域间投入产出模型是由 Isard（1951）提出的，其基本形式是要素流量矩阵，包括各区域内部产品在部门之间的流动，以及不同区域部门之间的产品流量矩阵。在此基础上，Miller（1963）建立了两地区投入产出模型，最先将投入产出分析技术运用到对不同地区之间的影响效应的研究。潘文卿和李子奈（2007）利用投入产出分析技术，通过对溢出效应和反馈效应的测度验证了乘法分解和加法分解的一致性。

下面基于 Round（2001）、潘文卿和李子奈（2007），分析空间离散型产业链所产生的区域间关联效应。

两地区的投入产出模型如式（3-19）所示：

$$\begin{vmatrix} A_{11} & A_{12} \\ A_{21} & A_{22} \end{vmatrix} \times \begin{vmatrix} X_1 \\ X_2 \end{vmatrix} + \begin{vmatrix} Y_1 \\ Y_2 \end{vmatrix} = \begin{vmatrix} X_1 \\ X_2 \end{vmatrix} \tag{3-19}$$

其中，A_{rr} 为 r 地区区域内直接消耗系数矩阵（Matrix of Intraregional Input-Output Coefficients）；A_{tr} 为 t、r 地区区域间直接消耗系数矩阵（Matrix of Interregional Input-Output Coefficient），如矩阵 A_{12} 中的元素 $(a_{12})_{ij}$ 表示地区 2 第 j 部门生产单位产品对地区 1 第 i 部门产品的直接消耗量；X_1、X_2 分别为两地区的总产品；Y_1、Y_2 分别为两地区的最终产品。

由式（3-19）可得式（3-20）：

$$\begin{aligned} A_{11}X_1 + A_{12}X_2 + Y_1 &= X_1 \\ A_{21}X_1 + A_{22}X_2 + Y_2 &= X_2 \end{aligned} \tag{3-20}$$

则地区 1 的总产出如式（3-21）所示：

$$\begin{aligned} X_1 &= [(I-A_{11}) - A_{12}(I-A_{22})^{-1}A_{21}]^{-1} \times [Y_1 + A_{12}(I-A_{22})^{-1}Y_2] \\ &= [(I-A_{11}) - A_{12}(I-A_{22})^{-1}A_{21}]^{-1}Y_1 + \\ &\quad [(I-A_{11}) - A_{12}(I-A_{22})^{-1}A_{21}]^{-1}A_{12}(I-A_{22})^{-1}Y_2 \end{aligned}$$

$$\tag{3-21}$$

式（3-21）表明，地区 1 的总产品由两部分组成：一是为满足本地区最终使用的需要而产出的总产品，包括本地区内不同部门间的相互作用效应以及本地区与其他地区间的相互作用效应；二是为满足地区 2 最终使用的需要而产出的总产品,它是地区 2 最终产出的变化对地区 1 总产出的一种溢出效应。

进一步,地区 1 的总产出的表达式可以分解为:

$$X_1 = \{(I-A_{11})[I-(I-A_{11})^{-1}A_{12}(I-A_{22})^{-1}A_{21}]\}^{-1}Y_1 +$$
$$\{(I-A_{11})[I-(I-A_{11})^{-1}A_{12}(I-A_{22})^{-1}A_{21}]\}^{-1}A_{12}(I-A_{22})^{-1}Y_2$$
$$= [(I-(I-A_{11})^{-1}A_{12}(I-A_{22})^{-1}A_{21}]^{-1}(I-A_{11})^{-1}Y_1 +$$
$$[(I-(I-A_{11})^{-1}A_{12}(I-A_{22})^{-1}A_{21}]^{-1}(I-A_{11})^{-1}A_{12}(I-A_{22})^{-1}Y$$

进一步简写式(3-22):

$$X_1 = F_{11}L_{11}Y_1 + F_{11}S_{12}L_{22}Y_2 \tag{3-22}$$

其中,$L_{11} = (I-A_{11})^{-1}$ 为区域 1 的 Leontief 逆矩阵,测度的是区域 1 的区域内乘数效应(Intraregional Multiplier Effect);$L_{22} = (I-A_{22})^{-1}$ 为区域 2 的 Leontief 逆矩阵,测度的是区域 2 的区域内乘数效应;$S_{12} = (I-A_{11})^{-1}A_{12}$ 与区域 2 的总产出 $L_{22}Y_2$ 相乘,代表了区域 2 最终产出变化引发总产出变化时对区域 1 总产出的影响,即区域 2 对区域 1 的溢出效应;$F_{11} = [(I-(I-A_{11})^{-1}A_{12}(I-A_{22})^{-1}A_{21}]^{-1} = [I-S_{12}S_{21}]^{-1}$ 为反馈效应,表示的是区域 1 总产出的变化通过影响区域 2 总产出的变化,再反过来对区域 1 总产出变化的影响。这里 $S_{12}S_{21}$ 代表区域 1 总产出的变化对区域 2 总产出变化的影响,以及由此再反过来由区域 2 对区域 1 总产出产生的影响。因此,区域间溢出效应 S_{12} 依赖于区域内乘数效应 L_{11},而区域间反馈效应 F_{11} 又依赖于区域间溢出效应 S_{12}。由此可见,区域 1 总产出的增加不仅包括区域 1 内的乘数效应所贡献的总产出 $L_{11}Y_1$,还包含有区域 2 对区域 1 的溢出效应以及区域 1 通过影响区域 2 再反过来影响区域 1 的区域间反馈效应所带来的部分。

利用分解出来的乘数效应、溢出效益和反馈效应,区域间的投入产出模型可以写作式(3-23):

$$\begin{vmatrix} X_1 \\ X_2 \end{vmatrix} = \begin{vmatrix} F_{11} & 0 \\ 0 & F_{22} \end{vmatrix} \begin{vmatrix} I & S_{12} \\ S_{21} & I \end{vmatrix} \begin{vmatrix} L_{11} & 0 \\ 0 & L_{22} \end{vmatrix} \begin{vmatrix} Y_1 \\ Y_2 \end{vmatrix} = L \begin{vmatrix} Y_1 \\ Y_2 \end{vmatrix} \tag{3-23}$$

其中,$L = \begin{vmatrix} F_{11}L_{11} & F_{11}S_{12}L_{22} \\ F_{22}S_{21}L_{11} & F_{22}L_{22} \end{vmatrix}$,L 为区域间投入产出模型中 Leontief

逆矩阵，反映的是最终产出对总产出的影响，且可以分解成区域内乘数效应、区域间溢出效应与区域间反馈效应的乘积。$F_{11}L_{11}$ 是影响区域 1 总产出变化的第一股力量，代表的是区域 1 最终产品 Y_1 增加一个单位时对本区域总产品 X_1 的影响，这个影响效应不仅包括区域 1 不同部门间的相互作用所带来的产出增加内的乘数效应 L_{11}，还包括了区域 1 最终产品的变化通过影响区域 2 最终产出的变化再反过来对区域 1 总产出变化的反馈效应 F_{11}。$F_{11}S_{12}L_{22}$ 刻画的是影响区域 1 总产出的另外一个力量，即由区域 2 的最终产出所引发，其中包含了区域 2 内部的乘数效应 L_{22}，还包括区域 2 对区域 1 的溢出效应 S_{21} 以及区域 1 的反馈效应 F_{11}。

$F_{22}S_{21}L_{11}$ 代表的是区域 1 最终产品对区域 2 总产出的影响，这种影响包括区域 1 的乘数效应 L_{11}、区域 1 对区域 2 的溢出效应 S_{21} 和区域 2 的反馈效应。$F_{22}L_{22}$ 反映的是区域 2 最终产出对总产出的影响，由区域 2 的乘数效应和反馈效应构成。由此可知，反馈效应是与乘数效应紧密联系在一起的，相互伴随的。要想单独考虑反馈效应，必须排除乘数效应的作用。

对于区域 1 的总产出 X_1 而言，它由区域 1 最终产出 Y_1 的乘数效应 $L_{11}Y_1$、区域 2 最终产出 Y_2 对区域 1 的溢出效应 $S_{12}L_{22}Y_2$、区域 1 的最终产出 Y_1 对区域 2 的最终产出 Y_2 发生作用又进而作用于 Y_1 的反馈效应三部分组织。

由 $X_1 = F_{11}L_{11}Y_1 + F_{11}S_{12}L_{22}Y_2$ 可得式（3-24）：

$$\begin{aligned} X_1 &= L_{11}Y_1 + S_{12}L_{22}Y_2 + (F_{11}L_{11}Y_1 - L_{11}Y_1) + (F_{11}S_{12}L_{22}Y_2 - S_{12}L_{22}Y_2) \\ &= L_{11}Y_1 + S_{12}L_{22}Y_2 + (F_{11}-I)L_{11}Y_1 + (F_{11}-I)S_{12}L_{22}Y_2 \end{aligned}$$

(3-24)

式（3-24）第一项和第二项分别表达的是区域内的乘数效应和其他区域的溢出效应，第三项则为排除乘数效应和溢出效应之后的区域间反馈效应。很明显，这个反馈效应包含两个部分，一部分是本区域最终产出变化通过区域内乘数效应所做出的贡献，另一部分是由其他区域最终产出通过它的区域内乘数效应、区域间溢出效应所做出的贡献。

二、区域间关联效应的作用机制

(一) 乘数效应的作用机制

从上述区域间的空间关联效应可以看出,区域间的反馈效应和溢出效应都是以区域内乘数效应为基础。区域内乘数效应的大小直接决定了区域间溢出效益和反馈效应的大小,从而也决定了区域间空间关联效应的强弱。

区域内的乘数效应反映的是一个单位最终产出的变化在区域内所带来的影响,其思想源于区域经济理论中输出基础理论。该理论由美国经济学家诺思于1955年首先提出,其基本思想是:区域的输出基础,即区域所有的输出产业和服务的增加,将会产生乘数增长过程,从而促进区域经济的增长。一方面,一个区域对外输出的部分收入除了补偿输出产业的生产费用外,还可以用于满足区域内需要的产品生产和服务业,也就是非输出产业,以及用于扩大进口;另一方面,输出产业的生产活动需要许多区域非输出产业的配合和协作,作为外生需求推动非输出产业增长。输出产业收入的再增长过程以及对非输出产业的增长过程,使输出产业的增长产生一个正的乘数效应。一个区域对外输出的总额越大,其输出产业的收入就越多,在乘数效应作用下所产生的正增长效应就越大。这样,输出产业越发达,输出生产和输出总额越大,区域经济的规模和相应的收入就越大。根据 North (1955) 的观点,输出产业的乘数效应大小可以用区域输出产业与非输出活动的收入和就业量之比来衡量。

我们假定两个区域,一个区域的经济影响用该区域的国民收入 Y 作为衡量指标,Y 主要由该区域的消费 C、投资 I、出口 X 和进口 M 构成,见式 (3-25):

$$Y = C+I+X-M \tag{3-25}$$

那么,对于 A 地区来说,假定投资由本地区和 B 地区共同组成,假定 A 地区的出口全部输出到 B 地区,所以假定 A 地区的出口为 X_B,B 区域对此出口征收的保护费为 T_B，A 区域的投资由两部分构成，本区域的投资 I_A 和 B 区域对其的投资 I_B，那么区域 A 的模型为：

$$Y_B = C_B + (I_B + I_A) + (X_A - T_A) - M_B \tag{3-26}$$

如果假定 I_B、X_B、T_B、P_B 为常数，$M_B = M_b + mY_B$（$0 < m < 1$）

$$Y_B = C_b + cY_B + (I_B + I_A) + (X_A - T_A) - (M_b + mY_B)$$

$$\frac{dY_B}{dI_A} = \frac{1}{1-c+m}, \quad \frac{dY_B}{dX_A} = \frac{1}{1-c+m}, \quad \frac{dY_B}{dT_A} = -\frac{1}{1-c+m}$$

由此可见，A 地区的投资对 B 区域的国民收入的贡献是正外部效应，并且产生乘数效应。实证研究表明，边际消费倾向往往大于边际进口倾向，即 $c > m$，因此乘数效应 $\frac{1}{1-c+m} > 1$。

进一步我们假定 A 地区对外投资 I_A，出口 X_A（假定全部出口到区域 B）与本区域的国民收入呈线性关系，为了简单起见，假定 $I_A = I_a + iY_A$，$X_A = X_a + xY_A$ 为常数。将这些一次线性方程代入式（3-26），展开后就可以得到：

$$Y_B = C_b + cY_B + (I_B + I_a + iY_A) + (X_a + xY_A - T_A) - (M_b + mY_B) \tag{3-27}$$

可得式（3-28）：

$$\frac{dY_B}{dY_A} = \frac{x+i}{1-c+m} \tag{3-28}$$

可以看出，如果区域 A 对区域 B 的边际投资向和边际吸纳出口倾向越大，那么区域 A 对区域 B 的关联乘数效应越大。也就是说，当区域 A 的国民收入越高，在区域 B 的投资越多，并且 A 区域的边际投资倾向越大，对 B 区域下一轮的经济发展拉动效应越大；同时 A 地区吸纳 B 区域出口商品的倾向越大，对 B 区域的关联乘数效应就越明显。换言之，对 B 区域的经济贡献越大。

乘数效应理论认为企业的空间动态具有惯性，表现为企业的进入会促进更多企业进入并抑制企业退出，而企业的退出会导致更多企业的退出，并抑制企业的进入。乘数效应主要有三种作用机制：第一，企业动态具有反映地区经济条件的指示效应。较多企业进入通常可以说明该地区经济条件整体较好,没有达到市场饱和,具有潜在利润空间。而较多的企业退出则意味着该地区经济条件较差,尤其是企业退出率长期较高的地区,新企业的进入会显著减少(Pe'er et al.,2008)。第二,企业动态会对地区经济产生循环积累的影响。新企业会为地区带来更多收益,增加地区就业率与人均收入,导致市场需求增加,进而促进更多企业进入。反之,企业退出将导致地区失业率上升,市场规模缩减,降低在位企业利润率,导致企业进一步退出。第三,企业并不是孤立存在的,而是嵌入相应的产业链与价值链当中。在空间上,为了降低整个行业的交易成本,具有明确的投入产出关系,属于同一产业链的企业,具有集聚的趋势,从而完成价值链的空间整合(Ellison et al.,1997;Herruzo et al.,2008)。因此,新企业的进入会给其上下游企业带来更多的交易机会,抑制本地原有相关企业的退出,并引起更多关联企业跟进。反之,企业的持续退出将会导致本地产业链的瓦解,诱发连锁效应(Abecassis-Moedas,2007)。

(二) 空间分工下的旁侧效应

产业关联除了纵向关联之外,还存在横向关联,即旁侧效应。旁侧效应指主导产业发展对横向配套服务产业形成的带动效应。主导产业的发展与成长,对与其横向配套的相关服务业提出更高的需求,如配套服务种类增多、配套服务模式更新、配套产品数量增加等。旁侧效应从制造业领域向服务业领域扩展,推动服务业领域,尤其是生产服务业领域服务升级迭代,推动商业模式和服务方式创新,推动科研合作与营销网络建设。由上文分析可知,乘数效应是产业链分工空间效应的基础。根据凯恩斯乘数模型,乘数效应通过投资、消费、进出口等作用机制发挥功效,即投资需求会带动消费、出口等其他最终需求,这在投入产出表中是横向表示的,是一种横向的旁侧效应。但是从纵向来看,某一部门的投资需求会带动其他部门的配套投资,称为列向旁侧效应,这部分在凯恩斯乘数模型中没有得到体现,在产业经济理论中,这种列向旁侧效应又称为投资波及效应(任泽平,2004)。

对于产业转出地而言,旁侧效应体现在以下两点:一是以前用于转移出去的生产工序的资源、资金以及劳动力可以用于其他产业的发展，增加其要素供给；二是该产业链通过空间离散实现本地的工序升级必然会对服务业领域提出更高的要求，推动生产性服务升级，带动形成新的本地生产网络。对于产业承接地而言，旁侧效应体现在：一是新投资的生产工序增加了对当地要素的需求，可以提高资金土地利用率和劳动力就业率，增加本地国民收入；二是新投资的生产工序也对其配套环节提出了需求，可以吸引其他地区的配套环节集聚到该地区，并发育成长为产业集群，形成该地区新的经济增长极，尤其是转移到该地区的生产工序投资规模较大时，这种旁侧效应更加明显。

(三) 空间分工下的溢出机制和反馈机制

由上节内容可知，空间溢出效应和反馈效应以乘数效应为基础，乘数效应可通过消费 C、投资 I、出口 X 和进口 M 发挥作用。因此，在产业链空间离散状态下，由前后向关联所引发的空间溢出和空间反馈机制也主要通过投资（产业链生产工序的转移）、进出口（中间产品贸易）、消费（本地中间产品需求）等进行传导。

首先，投资（即资本流动）的溢出机制。对于产业链生产工序的承接地而言，转移过来的生产环节的投资就是 FDI，与国际贸易中的 FDI 类似。FDI 的溢出效应已经得到大量实证研究的证明，而国内投资同样具有本土溢出效应（魏守华、姜宁等，2010）。他们认为，本土技术溢出主要来自产业集聚和知识生产部门（大学、研究院）对产业的知识溢出作用。其中，新经济地理学理论认为产业空间集聚具有技术外部性，有利于创新和促进经济增长。孔祥荣、韩伯棠等（2011）认为，国内投资技术较易扩散，有利于行业生产率的提高。产业链的空间离散化具有集中空间溢出机制：一是示范效应，因为分散出去的产业链环节对于产业转出地可能是已经失去比较优势的"夕阳产业"，但是对于产业承接地来说仍然具有一定的技术经济优势。产业转移不仅将新设备、新产品或者新的加工方法引入产业承接地市场，还带来了产品选择、销售策略以及管理理念等非物化技术，使其拥有产业承接地本地企业更强大的"技术优势"和"管理优势"，并借此获得了巨大的市场份额和利润，无意间就会诱导本地企业竞相模仿并在此基础上进行创新，并对原产业转出地形成一定的市场竞争压力，促使其带来更为先进的技术以保持相应的竞争力。通过示范—模仿—创新—再示范的循环螺旋式上升，带动产业承接地相关产业的技术进步。二是统一市场效应，产业承接地为了利用转出地区的投资来促进本区域经济的发展，往往会制定相关优惠政策并逐步向转出地区的企业开放一些高壁垒、高垄断的行业。产业链主导企业凭借技术、资金与规模经济的优势，能够迅速介入这些行业并有可能逐步打破这些行业的区域垄断，逐步扩大区域市场，在一定程度上破除我国广泛存在的"以邻为壑"的困境。这两个机制对产业转出地和产业承接地都发生作用。三是产业关联效应，即转移出去的产业链工序必然对产业承接地产业内及其上下游产业产生关联效应，影响其生产要素的交流与互动。产业升级通常遵循的次序是经由产品升级和职能升级实现工艺升级，达到价值链升级。关联效应能促进产业承接地的价值链升级，由简单的价值链向那些需要更先进的产品价值链转移。四是帮扶效应，即从事高新技术生产与研发的产业链主导企业对产业承接地本地雇员进行必要的培训和帮扶，以及管理经验的灌输等，帮助转移出去的生产工序更好更快地发展壮大。后面两种机制主要是产业转出地企业对产业承接地企业的作用机制。

其次，以中间产品为纽带的区域贸易（区域间的进出口）的溢出机制。在产业链空间分工模型下，各区域之间建立起基于中间产品进出口的产业关联关系。对于制造业产业链而言，转移出去的往往是最终产品生产工序，其承接地需要"进口"中间产品。也就是说，产业承接地不仅新增了最终产品的生产环节，还新增了与其他地区的中间产品贸易。如果说投资（资本流动）是直接的技术进步的话，进口贸易就是物化型技术进步，溢出的不是技术本身而是技术的生产成果。进口贸易的技术外溢效应也为大量的实证研究所证实（Coe and Helpman，1995；Coe，Helpman and Hoffmaister，1997；黄先海、张云帆，2004，2005）。尽管这些研究是以国际贸易为对象，但其作用机制同样适用于解释国内贸易：一是区际中间产品贸易增加了产业承接地可以接触到的技术的数量和知识存量，从而通过逆向工程和模仿的知识生产就有可能增加；二是研发的资本存量物化在发达地区的中间品生产过程中，最终产品生产工序的承接地可在不支付额外研发费用的前提下对其消化吸收、模仿乃至创新，即通过中间产品贸易获得技术溢出效应；三是中间产品贸易常常使中间产品的供应商与本地生产商之间发生产业链上的前后向关联效应，这种关联效应将在资金、技术、管理经验、信息等重要的要素领域有所反映（郭克莎，2000），使下游产业获得上游产业正向外部利益；四是中间产品贸易还具有动态学习效应，因为进口品中包含了本地区无法生产的异质中间产品，此类产品的进口量越大，本地居民通过研究此类产品得到的信息量越大，而出口中间产品的地区可以在区际贸易过程中得到外地购买商的改善生产过程的建议，区际贸易量越大，得到此类建议的机会就越多，对于中间产品出口地的技术进步也是一种激励。

反馈效应本质也是一种溢出效应，是自身对他人产生影响后又反过来作用于自身的一种效应。因此，反馈机制与溢出机制的原理基本一样。

第四章

产业链的空间组织机制

产业链的空间结构及其演变过程就是产业链空间组织的形成过程。这一过程是由生产者驱动的。为了保证产业链空间组织运行的稳定性,需要了解产业链空间组织的利益分配机制。

第一节 产业链空间拓展的动力机制

一、产业链空间拓展的驱动力

产业链空间组织的驱动力实质上就是产业链内在的价值链驱动力。全球价值链的驱动力有一种被学术界普遍接受的观点,由 Gereffi 和 M. Korzeniewicz(1994)提出。他们认为,在全球商品链上运作的生产者和采购者是两股不同的驱动力,因此把全球价值链分为生产者驱动型(Producer-driven)和采购者驱动型(Buyer-driven)两种。由此可见,全球价值链和产业链空间组织的驱动力包括生产者驱动和购买者驱动。换句话说,就是产业链空间组织各个环节在空间上的分离、重组和正常运行都是在生产者或者购买者的推动下完成的。

Henderson(1998)对全球价值链的驱动力进行了深入的研究,指出生产者驱动型价值链是由生产者投资来推动市场需求,形成全球生产供应链的垂直分工体系。投资者可能是拥有技术优势、谋求市场扩张的跨国公司，也可能是力图推动地方经济发展、建立自主工业体系的本国政府。一般资本和技术密集型产业的价值链，如汽车业、飞机制造业等，大多属于生产者驱动型价值链。这类全球价值链中，大型跨国制造企业（如波音、GM等）发挥着主导作用。Henderson（1998）同时也对采购者驱动模式进行了以下界定：拥有强大品牌优势和国内销售渠道的经济体通过全球采购和贴牌加工（OEM）等生产方式组织起来的跨国商品流通网络，能够形成强大的市场需求，拉动那些奉行出口导向战略的发展中国家的工业化。传统的劳动密集型产业，如服装、鞋类、农产品等大多属于这种价值链。张辉（2007）在格里芬的基础上从动力根源、核心能力、进入门槛、产业分类、典型产业部门、制造企业、产业联系、产业结构和辅助支撑体系这九个方面对生产者和采购者驱动型全球价值链进行了比较研究（如表4-1所示）。

表4-1　生产者和采购者驱动型全球价值链比较

项目	生产者驱动型价值链	购买者驱动型价值链
动力根源	产业资本	商业资本
核心能力	研究与发展（R&D）、生产能力	设计、市场营销
进入门槛	规模经济	范围经济
产业分类	耐用消费品、中间品、资本品等	非耐用消费品
典型产业部门	汽车、计算机、航空器等	服装、鞋类、玩具等
企业业主	跨国企业，主要位于发达国家	地方企业，主要在发展中国家
主要产业联系	以投资为主线	以贸易为主线
主要产业结构	垂直一体化	水平一体化
辅助支撑体系	重硬件、轻软件	重软件、轻硬件
典型案例	英特尔、波音、丰田、海尔、格兰仕等	沃尔玛、国美、耐克、戴尔等

从表4-1中可以看出，全球价值链的驱动力不同导致其动力根源不同，不同的动力根源决定了该价值链的核心能力不同。因此，构建不同的产业链空间组织，其动力根源与作用机制都是不同的。不同驱动力的产业

链,分布的产业也有所不同。这就意味着一国要发展一个产业时,要先根据该产业价值链的驱动力去确定该产业价值链的核心能力,然后积极发展这种核心能力,才能使该国在这一产业的全球价值链中具有竞争优势,并处于高端的高附加值地位。

二、产业链空间组织控制力

在产业链上,核心节点企业可以通过对价值环节的控制来提高自己在交易中的决定权,从而获取更多的收益。生产者的驱动力来源于其对产业链战略环节的控制。控制力是用来衡量企业把握关键性资源、掌握主动和掌控程度的能力。产业链控制是指企业在与产业链中其他企业的合作分工中通过自身的核心优势掌控产业链的关键节点、关键要素、主动权、决策权和资源配置权等,进而获取产业链中的独特收益。企业有了产业链控制力,就能掌握产业链的主动权,能够对参与合作分工的其他企业进行控制,也能够对产业链进行整合和治理,驱动产业链发展。具有产业链控制力的企业比一般的企业具有更多的优势。

第一,具有产业链控制力的企业在产业链的价值分配中占据主动权。能够获得产业链中的更多的增值份额(增值份额有时可以被看成评价产业链控制力的指标,有时甚至可以获取"产业链租金")。因为产业链控制力是建立在企业自身独特的优势上,与其他企业合作时具有主动权。如果核心生产企业具有产业链控制力,那么它就具有一定的产品定价权。产业链下游的加工企业和贸易企业就需要向上游的生产企业支付更多的购买费用;另外,如果产业链控制的越是核心环节,就越能创造更多的价值,使这一环节获得更多的增值份额。所以,产业链的驱动者更应该加强对核心环节的控制力。

第二,具有产业链控制力的企业能消除资产专用性的风险。能进行空间重构的产业链各环节专业化分工协作的特点比较明显,产业链各环节前后衔接及相互依赖的程度较高。某些环节的资产专用性可能会影响整条产业链的运行。比如,天然橡胶产业的资产专用性是比较强的,天然橡胶的种植对气候和土地都有要求，天然橡胶产品的加工必须要使用天然胶乳。如果产业链核心企业可以建立产业链控制力，那么就可以减少由于技术进步、资源短缺、原料供应等导致专用性资产的风险。

第三，具有产业链控制力的企业能够避免"低端锁定"。在产业链空间组织分工中，如果企业长期参与的是产业链中初级加工、初级产品销售等低端、低附加值的环节，那么长此以往企业就会形成"依赖性"的生产方式，不愿去创新自己的产品以及加大对企业研发的投入，最后面临被具有产业链控制力的企业牢牢锁定的状态。相反地，具有产业链控制力的企业却能主动通过掌控关键资源不仅实现了向产业链高附加值环节的攀升，而且可以以此来对其他企业进行控制。

第四，具有产业链控制力的企业能解决创新受约束的问题。创新是企业持续发展的源源不断的动力。产业链上不具有控制力的工序或生产环节只能作为核心企业的相关配套协作企业而存在，必须依靠龙头企业提供的技术、信息支持。后果就是很多中小生产企业在技术、设计等方面缺乏自主权，在创新意识方面只能被动地接受，自主性的创新意识逐渐淡薄，对外界的技术依赖性增强，这就极大地削弱了企业的创新能力和创新意识。如果企业主动实施产业链控制，那么企业就能够在一定程度上改变这种创新受约束的局面。

三、产业链空间组织控制方式

在产业链空间组织中，龙头企业的控制方式主要有资源控制、技术控制及渠道控制，而现代价值链分工提高了核心企业对价值生产单元的控制力。

（一）成本控制

产业链环节的空间离散主要是为了寻找要素和生产成本更低的市场空间。从目前看来，进行产业链空间重构的多为制造加工产业。而对于制造加工产业而言，原料成本和生产要素成本是生产成本的重要组成部分。成本控制对于产业链空间组织至关重要,成本控制的关键在于原材料和要素。如雅戈尔在重庆建设新的加工厂,就是为了利用重庆相对较为低廉的土地和劳动力成本,从而达到降低纺织服装产业链成本的目的。而雅戈尔在新疆喀什设立生产和销售公司,就是为了依托我国重要的棉花产业喀什的原材料供应,从纺织服装产业链的源头上控制成本。再如,天然橡胶是四大基础工业原料和战略物资,在国民经济中的可替代性极弱,但主要集中在东南亚国家。世界上主要发达国家和工业化国家每年都需要大量进口天然橡胶,面临极大的需求缺口。虽然中国也是产胶大国,但是由于自给率很低,大部分的天然橡胶消费也需要从东南亚国家进口,也受到东南亚产胶大国的影响。比如2011年,我国进口天然橡胶的价格一度攀升至4万元/吨的历史最高值,超出了大部分轮胎生产企业的承受能力,给我国轮胎企业带来巨大压力。因此,要想保持国民经济的稳定,不至于受到天然橡胶原料供应方的价格威胁,最重要的一个途径就是尽可能地扩大资源控制量,提高天然橡胶自给率,减小对产胶大国的依赖性,实现天然橡胶产业链的原料成本控制。

(二) 技术控制

在参与产业链分工的企业中,具有产业链控制力的企业通常用技术手段来控制产业链中的关键环节或关键节点,是否掌控产品的核心技术成为影响企业获取产业链控制力的非常重要的因素。比如半导体产业,从产业链来看,主要涉及电路设计、芯片制造与封测检验这三个环节,也是一个典型的空间组织形态。基本研究和设计在美国,上游核心零部件在日韩,而加工制造在中国。从运作模式来看,目前主流为整合模式(IDM)与垂直加工模式。目前半导体产业链已经形成深化专业分工、细分领域高度集中的特点。但从上游设备材料消耗来看,第一被韩国(设备,31.71%)与中国台湾(材料,21.9%)包揽,中国大陆均排第三;但供给商方面,排名前十的厂商被美日韩台垄断,占据市场份额90%以上,无一中国大陆企业。我国半导体产业链基本处于美日韩的技术控制之下,无法生产关键零部件,只能获取产业链分工中的少量利润。在以云计算、人工智能等技术应用为典型特征的第三次科技革命中，半导体产业处于基础性和关键性地位，由于我国半导体产业尚处于产业链低端环节，我国集成半导体生产企业更要明确需要掌控的核心环节，通过自主研发实现产业链掌控。

(三) 股权控制

在产业链空间组织中的企业合作过程中，上下游企业经常会要求控股，其控股的实质是对企业的控制，进而实现其整个产业链的控制。因为一旦企业被控制，其材料选购、产品销售定价、企业的财务处理等方面完全处于被控制中。因此，我国产业链龙头企业在对外投资过程中，都要以取得企业控制权为目的，只有取得了股权控制，才能实现对资源的控制。一般来说，股权控制的表现形式有绝对多数股权控制、相对多数股权控制、第一大股东控制、间接连环控制和"49+2"控制。空间拓展的企业可以根据实际情况选择具体的股权控制方式。如果核心企业期望取得产业链相对较多的决策权，或者掌握关键资源，可以采取绝对多数股权控制或相对多数股权控制。在绝大多数股权控制中，如果控股公司拥有子公司90%以上的股权，为全部绝对控制；拥有50%以上为多数控制，按照国际惯例，拥有51%的股权肯定能取得子公司的决策权。相对多数股权控制是指在股权分散的情况下，控股公司只要取得子公司相对多数的股权，也取得控制权。第一大股东控制是随着股权社会化、分散化越来越明显的情况下，控股公司不一定非要达到某一控制比例，而是只要取得第一大股东的地位就能取得控制权。间接连环控制是指如果控股公司持有子公司的股权，子公司持有孙公司的股权，在这种情况下，控股公司虽然不直接持有孙公司的多数股权，但可以间接控制孙公司。"49+2"控制是指一些公司为了避免某些国家特定行业不能由外资控股的目的，通常采用直接投资49%，另由自己控制的其他公司投资，以达到控制的目的。

(四) 销售控制

在产业链中，企业通过控制销售终端和市场渠道也可以实现产业链控制。以天然橡胶产业链为例，天然橡胶产品属于战略物资，理论上并不存在销售困难。但是由于目前我国天然橡胶处于分散销售、无序竞争的状态，加上国际市场上天然橡胶的价格波动较大，极不稳定，给天然橡胶的现货交易带来极大的困难。当天然橡胶价格出现大幅波动时，生产企业就会遭受较大损失，会将部分市场让给不法商人谋取私利。而且由于受销售渠道限制以及信息不充分、不通畅等诸多因素制约，许多生产经营者无法正确把握市场行情趋势，同时又没有市场避险手段和价格引导机制，暴涨时盲目抢购，暴跌时造成巨大亏损；橡胶制品企业则因价格的巨幅波动而无法正常确定生产成本，暴涨时因成本高原料紧张，生产难以为继，整个行业面临巨大的亏损；暴跌时橡胶制品价格大幅下滑，前期高成本进的原料生产的橡胶制品同样造成积压和亏损，最终还会导致橡胶种植业无序发展。况且，当天然橡胶产业链各环节呈离散型空间分布的状态后，各环节的衔接与协调更需要信息的通畅，生产环节更需要销售终端的信息支撑。天然橡胶产业链的主导者和驱动者应该完善销售渠道，实施终端控制，加强信息交流平台建设，使生产和销售无缝对接，减少因市场波动和环节分离所带来的损失。因此，我国三大橡胶主产区的天然橡胶生产者都需要在调查研究的基础上，结合电子交易平台和上海期货交易所的橡胶套期保值交易，探索出一条适合我国天然橡胶现货销售及流通的发展之路，逐步掌控天然橡胶的定价权，确保天然橡胶流通的健康、有序发展。

（五）价格控制

任何控制方式最终都将转化为对产品价格的控制力来实现其经济效益和对市场的控制力。这个价格控制力通常又要受到产业链中核心战略环节所处的市场结构的影响。如果能够更多地控制资源，成为资源的垄断者，其控制和影响价格的能力自然较强，如世界三大铁矿石生产商以及石油生产商等。拥有了先进的技术，成为行业的技术领导者，其价格控制力和市场影响力也会变强，如软件行业的微软一样。根据经济学的勒纳定理，需求弹性越小，企业的价格控制空间就越大，要使其需求弹性小，就必须减少其产品的替代市场。所以，在产业链中，作为产业链的主导者，就要试图减少其生产的产品中具有可替代性，即生产独特的、高技术密集度的产品,同时挤压其他环节的产品的价格空间。

驱动力的源泉在于生产者对产业链的控制力(见图4-1),通过对以上产业链核心企业的控制力分析,我们可以得出生产者驱动型产业链空间组织的动力机制,即以成本控制为基础、以深加工技术为先导、以股权控制的投资为方式、以销售渠道和平台为保障、以价格控制为核心的动力模式。

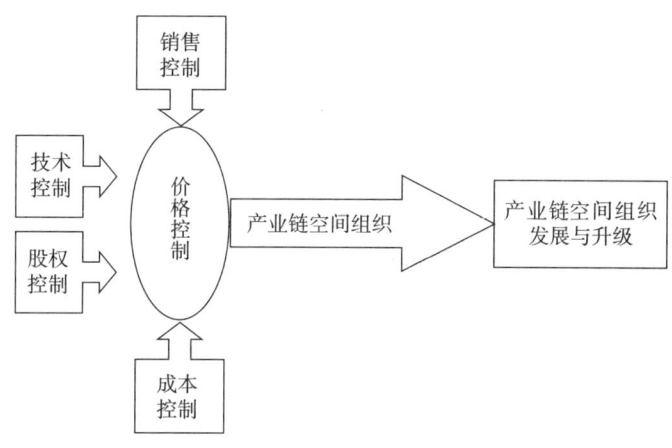

图4-1 产业链空间组织的控制力

第二节 产业链升级的利益分配机制

一、产业链利益分配的原则

(一)互惠互利的交易原则

互惠互利的交易原则是指在企业合作过程中,要保证每个成员企业都能从成功的产业链中获取相应的利益，否则将会损害成员企业的积极性。博弈论已经证明，要保证战略联盟的稳定性，必须保证加入产业链后企业从产业链中获取的利益要大于不加入产业链的利益，否则成员企业就不会加盟产业链。产业链空间组织的构建与形成必须以不同区域的行为主体实现互惠互利为前提条件，自身能够获取利益才有"走出去"的动力和诱因，目的地的利益方也能盈利才能长久立足、可持续发展。在构建产业链空间组织过程中，产业链主导企业在实现自身资源获取和利润增长的同时，也要为产业承接地创造价值，如就业、政府税收、经济发展等。只有在产业链空间组织运行并创造价值实现互惠互利的基础上，承载产业链空间组织运行的各地区才能实现稳定长久的国际合作和交易，产业链空间组织才能畅通运行。

(二) 付出与收益对称的公平原则

公平原则是产业链空间组织利益分配的基本原则。产业链成员企业，无论规模大小，实力强弱，在合作中的地位和对利益追求的权力是平等的。平等原则是利益分配的最基本的原则，如果产业链企业相互间不平等，那么就不可能形成长期的合作关系，也不能使整个产业链保持高效的运营，也就不能实现产业链的最大利益。在产业链中的企业和各参与主体，都会根据自身的投入和付出来确定预期收益，收益的多少要能够反映产业链主体的付出，这是维持产业链稳定的基础。尽管产业链的垂直解体与空间重构是由产业链核心工序和核心企业主导，但必须与其他工序环节以及企业形成利益协调，合理地调节产业链空间组织上的利益流动，避免主导环节生产企业与其他工序、产业承接地企业之间的利益冲突，打击产业链成员的积极性，影响产业链的整体发展。

(三) 结构利益最优化原则

产业链空间组织的运行是产业链环节跨空间的整合和升级过程，其主要目的就是充分利用多种资源和多个市场，以实现产业链整体利益的最大化。因此，在构建产业链空间组织时，处于不同空间的各环节之间的结构利益也应该实现最大化。一个最终消费品产业链从原料供应、加工运输、贸易、销售等各环节必须以结构利益最大化为原则，协调运转，降低交易成本和交易风险，各环节有效配合实现"1+1>2"的效果，实现产业链空间组织的整体增值。

（四）剩余利润最大化的理性原则

众多企业或个人行为主体分工合作形成的产业链空间组织通过对不同产业链环节的特质性资源的组合使合作剩余利润最大化。各行为主体之所以要加入产业链空间组织，是出于对剩余利润的预期，单个主体的资源和能力的有限性使其单独生产难以形成此种剩余。产业链空间组织剩余利润合理原则是指每个加入产业链空间组织的企业或参与主体所获取的收益必须大于或等于加入前的收益，即必须获取产业链的剩余利润。否则，这些企业就不会加入产业链空间组织，即使加入了，也将会退出。欠发达地区的土地资源很丰富，劳动力也相对充裕，以发达地区企业为核心的产业链空间组织的构建除了面临该地区企业的竞争外，还要面临其他地区投资者的竞争，因此必须要以剩余利润最大化原则增强对资源的吸引力，才能维持产业链空间组织的正常运转。

（五）风险与利益对称的分摊原则

在产业链空间组织中，核心企业和其他环节主体处于不同的竞争地位，他们获取利益的比例是不同的，因此他们对于风险的分配也是不同的。核心企业通过自身的努力和契约的内容来追求自身利益的最大化，节点企业和主体根据契约追求利益的最大化，并决定自身最优行为。在收益分配格局中，核心企业和节点企业存在领导者与跟随者的关系，核心企业制定的契约内容必须被节点企业所接受，节点企业处于合作竞争的弱势地位。实际上，核心企业在确定合作伙伴时，除了要发挥节点企业的核心能力外，同时也将一部分风险转给了节点企业。节点企业在合作中除实现自身价值外，也替核心企业承担了相当部分的风险。因此，产业链空间组织在进行利益合理分配的同时，也在进行着风险的共同分担。产业链空间组织中承担风险越大的企业，获取的利润也越大；承担风险越小的企业，其获取利润的比例也越小，风险和利润是成正比的。因此，在制定利益分配方案时，不仅要认真考虑各成员企业投入的资源，还必须充分考虑各成员企业所承担的风险。对承担风险大的成员企业应给予相应的风险补偿，以调动风险大的企业的积极性。

二、产业链空间组织利益分配模式

最基本的利益分配模式有三种：①产出分享模式。是指参与合作的所有成员（包括核心企业和成员企业）按一定的分配比例从合作最终的总收益中分得自己应得的一份收益。这是一种基于长期契约的利益共享、风险共担的分配模式。②固定支付模式。是指核心企业根据其他成员承担的任务，按事先协商好的酬金给其支付固定的报酬（可以一次性支付也可以分次支付）。而核心企业则享有合作的其余全部剩余，同时也承担全部风险。这种分配模式接近市场交易的模式。③混合模式。它是前两种模式的结合，核心企业既向其他成员支付固定的报酬，同时也从总收益中按一定比例向其支付报酬。模式的具体选用视实际的市场机遇的性质、获利把握性、成员企业的规模大小、发展战略和风险态度等因素协商决定。在实际运作过程中，以混合模式比较常见。

由于产业链空间组织是由不同国家或地区的产业链环节上拥有相对竞争优势的合作伙伴所构成的，这些成员企业之间具有非常紧密的经济技术关联。并且任何一个成员企业经营业绩的好坏都与整条产业链的稳定运行息息相关，它们构成了一个利益共同体。因此，产业链空间组织的合作伙伴风险和利益共享程度很高。为了充分体现这种"收益共享、风险共担"的合作关系，产业链空间组织应该以产出分享模式作为其收益分配的主要模式，即按照成员企业的投入、承担的风险以及对产业链贡献的大小等公平分配产业链的收益，以激发各成员企业的积极性，提高合作意愿。

特别是对于农业产业链空间组织而言，由于农业具有易受市场变动、自然风险影响的特点，属于抗风险较差的产业，产业链的整体利益变动较大，市场行情好、没有自然风险时可能获得较好的收益，而市场低迷或遭遇自然灾害则可能出现较大亏损。农业产业链空间组织不仅有促进自身产业升级的作用，还兼具提高当地农民收入、促进当地农业经济发展的多重经济目标的任务。由于农民的收入来源单一、承担风险能力弱，属于风险厌恶型产业链成员，他们更愿意在不确定性的生产环境中接受有保障的确定性收益。因此，农业产业链空间组织的运行应保证加入产业链的农民个体有足够的固定性收益，以保障其在产业链遭遇风险时也有不脱离产业链的积极性。因此，农业产业链空间组织的利益分配应采取以产出分享为主、固定支付为辅的混合模式。

三、产业链空间组织利益分配要素的确定

利益分配要素是指能对产业链空间组织收益的产生起贡献作用的因素。依据公平原则，收益与投入的比值应一致，即投入决定收益。决定利益分配多少的是各企业对产业链合作利益创造的贡献情况，对产业链合作利益进行分配首先需要确定各决定要素。

1. 资源投入量

此因素代表产业链空间组织各环节主体向产业链实际投入的资源数量，它分为约定资源投入量和额外资源投入量两种。产业链空间组织上的各主体以比较优势参与产业链运行，实现优势互补、资源整合，各行为主体为自身优势的发挥和核心业务的开展所投入的设备、技术、人力资本及品牌等无形资产都会为产业链整体核心竞争力的创造做出贡献。这是企业参与产业链时便约定要投入的，所以是约定资源投入量。比如，需要进行产业链工序转移的企业要充分发挥在资金、技术、管理、组织等方面的优势，通过大量的异地投资、先进的技术、先进的管理制度和组织模式组建产业链空间组织；而产业链承接地则发挥土地资源丰富、能源成本低、劳动力成本低廉等比较优势，加入由核心企业所主导的产业链空间组织，合作双方以这些约定资源开展产业链分工和合作。另外，产业链空间组织在

实际运作中，受市场和企业自身经营的不确定性影响，对产业链应对突发情况、实行柔性制造、快速响应市场变化的能力有新的要求。此时，就需要某些企业临时调集人力、物力、财力来应对，这种及时应对的能力是产业链竞争力的体现，对合作利益的产生具有重要意义，这样形成的就是额外资源投入。这两种资源投入是决定产业链利益分配的基础要素，即通过对"投入了多少"进行衡量来决定分配的利益。

2. 风险承担度

此因素代表各行为主体在产业链空间组织中所承担风险的程度，对"可能的风险有多少"进行衡量，从而决定利益的分配。产业链以提高产业整体竞争力、追求合作利益、实现利益增值为目的进行了资源重组与核心竞争力的提升。但由于市场风险和经营风险的存在以及跨国贸易的复杂环境，产业链空间组织运行并不能完全脱离风险。产业链空间组织中的各行为同样承担着风险，不同主体在产业链空间组织中的角色和任务不同，其承担的风险也不同。承担风险要获得相应的风险收入才能保证风险承担者的积极性。所以，风险承担度是利益分配的决定性因素之一。在产业链空间组织中，进行异地投资的核心企业作为产业链的构建者和核心企业无疑将承担整条产业链运行的最大风险，自然应该获得最大的利益分配份额。

3. 绩效水平

此因素代表各行为主体在产业链中所做的努力和绩效水平，对"表现如何"进行衡量。产业链各主体优势资源和核心业务的组织、主体之间的配合、信息间的共享等优势都是建立在各主体真实的行动及努力表现的基础上的。对所分任务与所辖职能是否尽职尽责，是否积极努力，这直接影响整条产业链的运作效果和产出水平，也直接决定了整条产业链空间组织的价值创造，应该作为衡量其绩效表现的因素。相对资源投入和风险承担来讲，努力程度和绩效表现有一定的隐蔽性，但它却正是产业链合作利益的分配应关注的关键点和难点所在。

产业链空间组织的建立在一定程度上受到了区域功能特征和要素禀赋的影响，劳动力、资本、技术和土地等生产要素是开展生产经营活动所必需的基本投入，产业链成员也是凭借其所提供的生产要素参与产业链的利益分配。在跨区域的产业链空间组织中，不同区域凭借其拥有的不同要素禀赋对产业链利益的贡献参与利益分配。

产业链空间组织的形成，大多是基于龙头企业带动的。比如，服装行业的雅戈尔、安踏，它们是产业链内部的龙头企业，处于垄断地位，对产业链利益分配具有决定性作用。特别是对于"走出去"发展的中国生产企业，在其构建的跨国产业链空间组织中，它们输入技术、资金在境外从事生产经营活动，而这些生产要素正是东盟和非洲很多欠发达的东道国所缺少的。因此，中国"走出去"发展的企业，也能够凭借在构建的产业链空间组织中的主导地位分配到较大的利益份额。

产业链空间组织的龙头企业在产业链中处于主导地位，这些企业应该以长远的眼光，使其经营理念贯穿产业链始终，综合全局利益，创造更大的产业链利润。并注重产业链空间组织内部的公平，才能保证产业链空间组织的运行稳定。这主要表现在参与产业链空间组织形成的其他区域的主体所投入的资源，也是本区域所缺乏的要素禀赋之一。比如，东南沿海地区的土地资源越来越紧张、成本越来越高，这极大地推高了制造业企业的成本；而中西部地区和经济欠发达的越南、菲律宾、缅甸等东南亚国家还有大量可供开发的低价土地资源，对传统制造业的产业链转移具有很强的吸引力。对于欠发达地区来说，产业链工序环节的迁移以及产业链空间组织的形成往往是推动当地经济发展的巨大支柱。

另外，随着我国经济的发展和完善，经济系统开放程度的不断增加，以及全球经济一体化的深入，我国许多传统制造业逐渐将部分产业链工序或环节转移到国外，形成跨国产业链。但是在当前国际贸易保护主义、单边主义抬头，跨国产业链运行的稳定性越来越多地受到国际双边或多边关系影响。国际贸易治理规则在跨国产业链空间组织的运行中扮演着越来越重要的角色，国际经贸关系的主导者参与利益分配的份额也逐渐增大。

第三节　产业链空间组织的跃迁式升级模型

一、产业链跃迁式升级模型

所谓"产业链跃迁式升级",是指一种产业链相关环节摆脱原有发展路径的非线性跳跃式升级方式,主要表现为产业链的关键环节和主导环节获得更大的资源配置空间和价值增长空间。产业链环节跃迁式发展可以使产业发展在原来的关键环节和主导环节的基础上,向更高的价值环节跳跃,实现较大幅度的产业升级。这种跃迁式升级如图 4-2 所示。

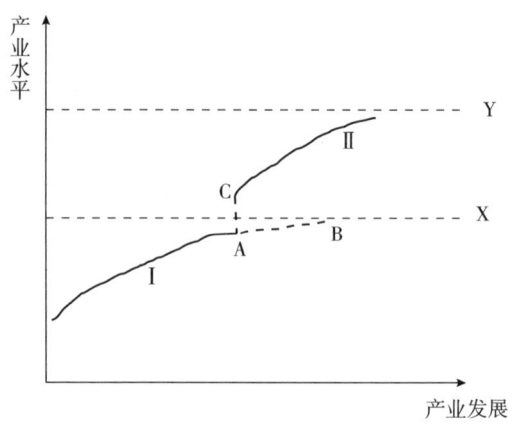

图 4-2　跃迁式升级模型

图 4-2 中,横轴表示产业发展时序,纵轴表示产业发展水平,X 和 Y 代表产业发展水平的空间范围边界。它们决定了在一定资源和制度的外生约束下的产业升级所能达到的最高水平,即产业升级的瓶颈线。假设初始状态为产业空间 X,产业链关键环节的发展路径是曲线 I,在 X 的外生约束条件不发生变化的情况下,该产业链环节将沿着曲线 I 逐渐升级到接近

于产业空间边界线 X 的 B 点,之后就会面临升级困境和瓶颈,难以突破。如果在产业发展过程中,通过改革和创新打破原有产业发展的空间范围,使产业链的关键环节在 A 点实现"惊险的一跳"。突破产业空间边界线 X 的制约过渡到另一个可增长空间更大的产业空间 Y 中,就能够为产业链的进一步发展拓展更大的空间,使产业链在发展路径Ⅱ上获得更大的升级动力和发展潜力,从而实现产业链的更大幅度的改变和更高水平的发展。这就是产业链的跃迁式升级。

当产业链发展到 A 点时,选择产业 B 和 C 的后续产业升级机会是完全不同的。我们可以把产业升级机会用 B 点或 C 点的度来衡量(见图4-3)。度是图论中的概念,用连接顶点的边数衡量。度数越大,产业升级的机会就越大。为了简便,我们把产业的升级机会称为产业度。在产业空间 X 中,产业链环节的发展路径是线性的,是在原有产业范围内的产业升级。选择产业 B 的产业度为 1,而如果突破产业空间 X,跃迁到了新产业空间,选择产业 C,其产业度为 3。产业升级机会更大,在非线性的路径上被锁定的可能性就更小。

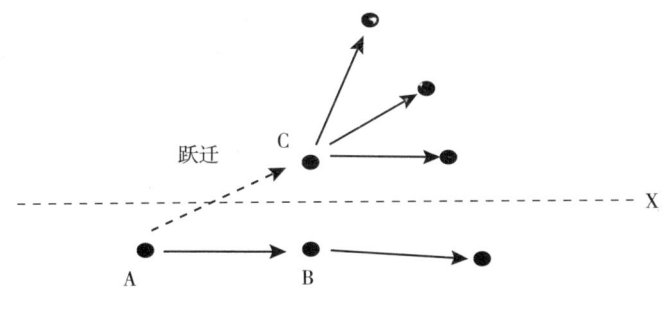

图 4-3 产业升级的产业度

二、产业链跃迁式升级的空间拓展逻辑

产业链是由单个产业节点通过产业经济技术关联而形成的网络组织形态。每条产业链都有着自身的内部组织结构,同时也有承载其发展的地理区域。因此,产业链的产业空间既包括外在的地理空间,也包括内在的组

织空间。打破原有产业路径的锁定状态，实现跃迁式升级，关键在于使产业链关键环节突破原有产业空间界限，实现"惊险的一跳"，即通过产业链的组织空间和地理空间的双重整合，来实现产业组织结构重组和开放式发展。

产业链组织空间的大小由产业链的长度、宽度和厚度来决定。跃迁式升级必然要求全方位拓展产业链的组织空间，即延长产业链的长度、增加产业链的宽度和提升产业链的厚度，如图4-4所示。延长产业链长度主要是从纵向角度使产业链向前或向后延伸，比如农业产业链向前延伸主要是为了发展农业资源培育和种业，向后延伸主要是发展农产品精深加工、营销贸易甚至是休闲农业。增加产业链的宽度是指从横向角度对各个产业链环节以及每一环节中各个节点领域进行的拓展。表现了每个节点相关领域范围的扩大，使每个产业链环节发挥范围经济，产业链的宽度增加如图4-5所示。产业链厚度主要体现为产业链上各环节产业的规模、市场适应能力等综合实力状况，提升产业链厚度也就是提高产业链中各产业环节的规模经济效应。产业链环节的规模经济分为内部规模经济和外部规模经济两类。产业链内部规模经济是指产业内厂商规模报酬递增所产生的规模经济，产业链外部规模经济是指同一产业链环节内企业数或生产厂家的增加而导致产业规模增加所带来的利益。这主要是由于多个同类型企业向同一地区集中并共享交通运输、市场设施等基础设施，减少企业的一般经常性开支成本，即产业集聚效应。

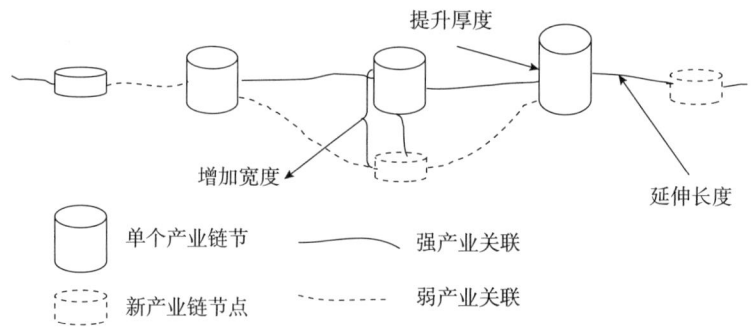

图4-4　产业链组织结构

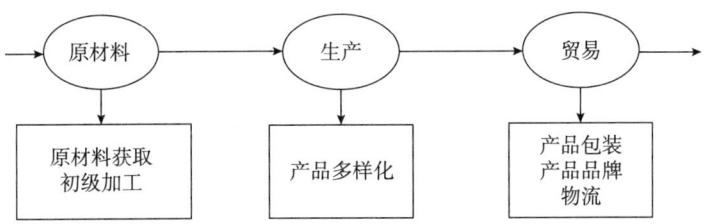

图 4-5 产业链宽度增加

在产业链的组织空间内，各节点是通过产业关联链接在一起的，产业链的关联度反映了产业链中各产业环节之间，以及每一产业环节中各具体亚产业节点之间的关联关系。各节点和亚节点之间的产业关联性越强，产业链整体的关联度越高，产业链整体的规模经济和竞争力就越强。因此，提升产业链节点之间的关联度，把弱产业链关联增强为强产业链关联，不仅更有利于发挥原有产业链节点之间的协同效应，也有利于尽快把新增产业链节点纳入产业链的拓展领域范围中。促进产业链长度和宽度的拓展，扩大产业链的组织空间，将使产业链向网络化过渡升级。产业链网络化的不断发展将促进产业链上各环节及其节点领域的竞争力的大幅提升，也有利于产业链的厚度的提升。

产业链空间拓展的另一方面就是打破地理空间的限制进行产业链开放式发展。传统产业链的产业空间与资源限制都源于同一地理空间的资源稀缺性和边际报酬递减的规律作用。如果突破同一地理空间的制约，把产业链拓展至其他地理空间，不仅能够获得更多的可利用资源，更有助于增加产业链的长度、宽度和厚度。扩大产业链的组织空间，即相当于原有产业链按地理空间的拓展程度也相应扩充了一样，同时地理空间的打破也能够摆脱原有空间的边际报酬递减规律的作用，与产业链组织结构的空间拓展构成了双重空间整合，使产业链获得更高的资源配置效率，促使产业链发生跃迁式升级。

第五章

空间离散型产业链升级的路径

改革开放以来,随着中国经济参与国际化分工程度的加深,生产分割现象越来越明显。特别是东南沿海发达地区由于要素成本上升、过度集聚等原因,有些制造业产业链开始垂直解体,并将一部分产业链环节转移到中西部地区,产业链的空间离散化逐渐成为我国产业转移和产业分布优化调整的典型特征。

第一节 产业链空间离散化的特征事实

一、产业链空间转移的动力

我国是发展中国家,国内市场规模巨大,产业分布差异化较大。随着改革开放后的高速经济增长,产业转移也成为我国经济发展中的显著性特征。

1. 产业转移的动因

一是产品生命周期及产业梯度转移的规律。在区域经济学中,产业梯度转移是一个客观规律。区域梯度衡量了包括要素禀赋、经济、产业、社会、文化发展在内的多重范畴,而产业梯度是其核心成分。在产业转移理论中,产业梯度主要指由于国家或地区间的资源要素禀赋、经济、技术、产业分工差异在产业结构水平上形成的阶梯状差距。根据产业梯度转移理论,不同区域之间存在产业和经济发展的区域梯度差,这是产品生命周期在空间上的表现形式。产业发展经历"创新—扩展—成熟—衰老"的生命周期过程。创新阶段的产业一般发生在经济较为发达、市场规模较大的高梯度地区,因为高梯度发达地区是科研和信息中心,享有人才优势和完善的新产品开发配套能力。随着生产技术的逐渐成熟和市场需求的日益扩大,大城市区域的生产逐渐不能满足需求,规模不断扩大的企业开始进行技术转让和生产转移。具有低要素价格优势且市场尚未饱和的低梯度地区,自然而然成为高梯度地区产业转移的承接地,诱使了企业生产的空间扩散。

二是生产力空间布局和国家区域协调发展战略。我国的改革开放采取的"让一部分人先富起来,带动大部分地区"的非均衡发展战略,因此高速的经济增长也直接导致了我国东部和中西部地区经济发展差距不断扩大,这已经成为中国社会经济发展中最突出的问题之一。国家已先后提出了"西部大开发""振兴东北""中部崛起"等一系列区域发展战略,以期缩小地区差距,国家"十二五"规划中又强调要促进区域协调发展。其中,产业转移被视为加快欠发达地区经济发展,实现东、中、西部之间区域协调发展的重要方式之一。2010年8月,国务院发布的《关于中西部地区承接产业转移的指导意见》中明确指出,产业转移是优化生产力空间布局、形成合理产业分工体系的有效途径,是推进产业结构调整、加快经济发展方式转变的必然要求。中西部地区发挥资源丰富、要素成本低、市场潜力大的优势,积极承接国内外产业转移,不仅有利于加速中西部地区新型工业化和城镇化进程,促进区域协调发展,而且有利于推动东部沿海地区经济转型升级,在全国范围内优化产业分工格局。在区域协调发展的推动下,我国产业发展的空间布局出现了明显的"西进"状态,沿海地区发达地区的企业和外商投资向中西部地区推进,我国的产业布局从生产要素和产业活动向东南沿海地区集聚,逐渐转变为由东南沿海向中西部和东北地区转移扩散。

三是新经济地理因素的挤出效应作用。作为改革开放的先发地区，东南沿海地区充分享受到了改革开放的红利，产业不断集聚，经济取得了快速发展。但随着土地、劳动力等要素成本的不断攀升，部分制造业逐渐显示出集聚过度的负效应。各种要素成本大幅度提升，土地和能源供应紧张，资源和环境承载能力区域下降。一方面，在新经济地理的挤出效应作用下，一些产业，尤其是附加值较低的制造业开始转移到要素成本较低的中、西部地区，以降低生产成本；另一方面，基于产业链关系的集聚与扩散机制和基于劳动力流动的克鲁格曼模型是存在差异的。克鲁格曼模型表明，在劳动力可流动性的情况下，最终消费品中制造业所占份额较大时，劳动力趋向于集聚。而产业垂直关联模型说明，由于劳动力的空间不可流动性，最终消费品中制造业的份额增大意味着边缘区的需求增大，这种需求成为一种强大的分散力，有助于产业转移。我国劳动力的跨区域流动性较差，在工业化程度日益加深的情况下，制造业产业链的空间扩散就有了更大的分散力。

2. 产业链垂直解体和空间扩散的原因

随着我国中西部地区经济的发展、内需市场的扩大以及产业结构的整体提升，我国产业转移逐步过渡到产业链优化布局的阶段。其主要特征是东部的某些产业链开始垂直解体，部分产业链环节扩散到中西部，而起关键作用的产业链环节仍在原区域，即原集聚于同一地区的整条产业链呈现出空间离散化特征。也就是说，龙头企业和大企业基于降低成本、贴近市场等方面的考虑，对一个产业的上、中、下游产业链进行拆分，进行生产要素空间转移与重组。特别是模仿跨国公司全球化生产的模式将产业链或生产链的不同功能环节迁移至原驻地以外的地区，充分利用异质性大国内不同地区的资源优势与现地产业发展需求，实行跨区域要素转移，以谋求企业外部经济最大化，由此形成了产业链空间分布离散的现象。

之所以出现产业链垂直解体以及空间扩散的现象，主要是由于：一方面，产业链不同环节要素密集度的差异。由于各区域的发展程度和要素禀赋结构存在差异，当集聚经济发展到一定程度后，区域要素禀赋对不同产业链工序或环节的要素投入的差异越来越大。劳动力密集型工序的边际利润较低,对集聚的负效应比较敏感,受劳动力成本、土地价格、原料价格等因素上升的冲击比较大,最容易向外部转移。因此,当某一地区产业链存在由不同要素组合的产业链环节时,外部市场条件的变化会促使生产效率较低(即技术层次较低)的产业链环节率先向其他区域转移,就表现为产业链的空间离散。从2006年发展起来的"新"新经济地理学已经对这种现象的背后机理做出了令人信服的解释(Baldwin and Okubo, 2006)。

另一方面,不同产业链环节的有效规模也存在差异。产业链集聚或形成产业集群是为了获得规模经济,降低企业生产或产业链运行成本。但往往产业链的不同环节分属不同产业类别,产品生产特征不同,各环节或工序达到规模经济所要求的有效规模是不同的。整条产业链集聚在同一区域很难使各个环节都实现规模经济,因此某些较早达到规模经济有效规模的产业链环节就会主动解体,迁移到其他区域重新寻找规模经济,从而使整条产业链的各个环节都能实现规模经济的有效规模。

二、产业链空间离散化的一个典型事实

浙江是我国重要的纺织品生产、出口基地和集散市场中心。经过多年的发展,形成了门类比较齐全、产业链体系完备、具有相当规模和一定水平的工业生产体系。机织布、针织布、非织造布、印染布、丝绸制品等主要纺织制造产品,产量居全国前列,其中印染布产量约占全国的60%;形成了柯桥纺织面料、余杭家纺布艺、长兴织造、兰溪棉纺织、海宁经编等一批在全国具有影响力的特色产业集群。2005年浙江省纺织工业总产值曾达到21.13%,居全国第一。但在产业转型过程中逐渐被江苏和山东超过。2017年,浙江全省纺织制造业实现总产值6077.67亿元,约占全国的19%,产业规模居全国第三。同时,2017年浙江省出口纺织品服装702.76亿美元,仍位居全国第一,出口纺织物数量和金额分别为8.2万吨和192131万美元,高居全国第一。

浙江的纺织服装产业规模不断扩大的同时,也不断通过产业转移的方式使其产业布局覆盖全国各地。浙江纺织服装产业转移并非整个产业集群

的整体迁移，而是产业链某些环节的迁移，主要是将劳动密集型的加工制造环节往中西部转移，而将总部和研发机构往上海转移，由此导致了纺织服装产业链的空间离散化。比如，浙江维科集团、龙达集团先后在江西九江兴建了纺织工业园，浙江象山的纺织服装定点加工企业也迁往江西鄱阳，浙江雄峰集团、天盛棉业在新疆石河子技术开发区投资新建锭纺纱和宽幅无梭布机，浙江弘生家纺、中国弘生集团和新疆石河子联合组建新疆家纺产业制造基地如表5-1所示。

表5-1 浙江省纺织服装产业链扩散典型企业

企业名称	产业转移目的地	产业基地	产业链环节
三邦实业、恒昌棉纺印染	江西	奉新工业园	纺织品加工
浙江维科集团	江西	九江纺织服装产业园	面料及针织服装生产加工
步森、越隆控股集团、申洲针织	安徽	中部纺织服装城	上游原料加工、成衣生产
太子龙	安徽	合肥瑶海工业园区	研发、设计、制造、销售
高邦集团	四川	新津工业港	服装加工
杉杉集团	河南	郑州服装产业园	纺织品及服装加工
绍兴宏集纺织	河南	修武县产业集聚区	纺织品加工
雄峰集团（天盛棉业）、弘生家纺、中圣驼铃	新疆	石河子经济技术开发区	纺织品加工
雅戈尔集团	重庆	南岸茶园工业园	服装加工

棉花是浙江纺织服装产业链的上游环节和主要原料之一。浙江纺织服装行业巨头雅戈尔集团是我国服装行业的龙头企业，经过多年的发展，已形成了以品牌服装为龙头的完整的纺织服装垂直产业链。拥有衬衫、西服、西裤、夹克、领带和T恤六个中国名牌产品，主打产品衬衫为全国衬衫行业第一个国家出口免验产品，曾连续10年获得国内市场综合占有率第一，西服连续10年保持国内市场综合占有率第一。雅戈尔以贴牌代工生产

起家，但能够获得的利润水平十分低下，为突破低端锁定的局面，雅戈尔实施产业链垂直整合战略，推动产业链升级。一方面持续拓展价值链下游的品牌营销环节，从品牌的宣传和推广、卖场的布局和陈设、产品的开发和设计等各个方面规划雅戈尔品牌的国际化发展路线；另一方面大规模进军上游产业，通过与外资企业合资共建，利用贴牌代工的技术积累和生产优势，嵌入产品更加复杂、技术能力要求更高的价值链上游的织物生产环节，实现了对纺织服装产业上游业务的垂直一体化整合。

2011年10月，总投资超过1亿美元、占地近500亩，拥有年产1000万件衬衫、200万套西服以及2000万件休闲服和西裤生产能力的雅戈尔国际服装城投入使用。我国纺织服装企业大多数棉花原料是从欧盟或是美国进口，为摆脱对进口高档面料的依赖，2006年，雅戈尔开始触及产业链建设的最前端，在中国著名的棉花产地——喀什成立了一家集棉花及棉纺织品生产、销售和出口于一体的公司。建设新疆万亩优质长绒棉种植基地，将纺织服装产业链的上游工序延伸和扩散到新疆，并通过喀什与中南亚接壤的地缘优势，将中高端棉纺产品打入欧亚市场，为今后雅戈尔产品进入欧洲市场，促进国际化发展奠定基础。2008年金融危机过后，美国棉花价格快速上涨，推高了纺织服装产业的原材料成本，导致浙江纺织行业的利润也相对地下降了。由于地处喀什，新疆雅戈尔在原棉选择上具有显著优势。公司可生产20S～220S精梳纱，其他品种还有赛络纺、紧密赛络纺、包芯纱、涤/棉混纺、棉/羊绒混纺、棉/麻混纺、棉/麻/涤混纺、彩棉、有机棉产品等。产品主要质量指标可达到乌斯特2001年公报5%以上水平，主要供给宁波雅戈尔中纺、针织染织，部分销往广东、江苏、浙江等地，并销往中国香港、日本、毛里求斯等地区和国家。

2008年，雅戈尔又在重庆的南岸茶园工业园投资1亿元，建新马重庆基地，作为一家加工工厂，采取租用品牌的形式，向品牌拥有企业支付租金，自己负责生产、设计、经营和销售，主要生产POLO等六大世界知名品牌衬衫，并出口海外。雅戈尔的"西迁"，并非将产业链整体迁移，而只是将生产加工这一产业链工序迁移到了重庆。生产加工工序作为服装行业产业链上的劳动力密集型环节，对劳动力成本比较敏感。据当时测算，重庆综合成本是东部地区的 50%~60%，土地成本是东部的 44%，劳动力成本是东部的 60%。西部城市重庆之所以对沿海服装企业有比较大的吸引力，主要是因为具有综合成本优势，尤其是劳动力成本优势。

第二节 产业链空间离散的双重效应

一、积极效应

（一）就业效应

产业链空间离散化之后，不同要素密集度的产业链环节进行了空间重组，通过中间品贸易和生产环节的直接投资而引发劳动力在区域之间和产业之间的重新配置，产生就业效应。

首先是产业链不同工序或环节空间离散化之后，各环节和工序之间的投入产出关系会使不同地区之间产生供给和需求关系，深化了区域之间的分工协作。这种供求关系以中间产品的贸易为纽带，会提高各工序所在地区的就业水平。Feenstra 和 Hanson（1996，1997，1999，2003）提出了一个基于中间品贸易和外包服务的理论，并特别强调了中间品在国际贸易中日益重要的地位。在这一框架下，Falk 和 Koebel（2001）、Strauss-Kahn（2003）和 Hijzen 等（2005）发现，外包是发达国家高技能劳动力相对需求增加的重要原因，中间品贸易有利于改善就业状况。中间品贸易自由化降低了企业对于中间品的进口成本和交易成本，同时还可以使企业从国外获得更多种类的高质量中间投入品，这有利于增强企业的成长能力与产出扩张，进而影响就业（Angelini and Generale，2008；Goldberg et al.，2010；盛斌、毛其淋，2015）。此外，根据传统的两部门 H-O-S 理论，国际贸易会改变一国原有生产过程中要素投入的比例，从而会对劳动要素的需求产生影响（毛日昇，2013）。因此，中间品贸易引致的中间品进口变动可能会通过改变要素投入比例进而影响就业。以此类推，国内区际中间产品贸易与国际中间产品贸易一样具有就业创造效应。

产业链的空间离散化除了引发区际中间产品贸易之外，还会离散化生产工序的对外直接投资，是生产的扩大化过程。具有就业替代、就业创造、就业扩张三种效应，能推动就业增长。一是就业替代效应。产业链部分环节向其他地区转移，原有地区的生产和就业就被承接地的生产和就业所替代，原有地区的该工序劳动力需求降低，承接地的该工序劳动力需求增加。而且，原有地区通过将部分产业链环节转移出去（通常是低技能劳动力生产环节），通过产业结构优化调整效应，引发用高技能劳动力生产环节替代原低技能劳动力生产环节，增加高技能劳动力就业机会。二是就业创造效应。产业链的空间离散化使产业承接地通过接收产业链某个工序和环节的生产过程，为当地劳动力创造了更多的就业机会。与此同时，分散出去的生产工序生产出来的产品作为供应链的一部分又可以参与到本地区的生产中来，扩大了本地区的产品生产，为转出地创造了更多的就业机会。三是就业扩张。产业链的空间离散化使不同要素密集度的产业链工序或环节重新优化布局，使各环节或工序以最优的资源配置方式或最有规模经济效应的规模进行生产，提高整条产业链的产出水平，从而推动各环节就业需求的增加。

（二）技术进步

产业链生产工序的转移，以及不同地区之间的中间产品贸易可以产生技术外溢效应，促进各地区技术进步。对于产业链环节的承接地而言，产业链空间离散化是一个很好的学习和借鉴发达地区先进技术的机会和途径，可以通过中间品贸易（即外包）和直接投资促进本地技术进步。在国际贸易中，由于南方国家能够低成本地快速享有北方国家的技术成果，因此其技术发展方向也应与发达国家一致（Acemoglu and Zilibotti，2001；Gancia and Zilibott，2009）。中间品进口国可以较低成本并快速地模仿和吸收，物化在中间产品中的先进国家的技术（Grossma and Helpman，1991）。

中间产品进口使进口国的工业部门融入国际分工体系,从而形成某一环节的专业化生产和这一环节的规模经济,提高了生产的高精度,降低了管理的复杂度,从而达到资源配置效率的提升(Ishii and Yi, 1997)。类似地,由发达地区向欠发达地区转移生产工序,并通过中间品区际贸易建立起的空间关联关系,也能起到知识技术的扩散和溢出。中间产品的交易可以使中间产品的供需双方之间发生产业链上的前后向关联效应,这种关联效应将在资金、技术、管理经验、信息等重要的要素领域有所反映(郭克莎,2000)。先进地区研发的资本存量可以物化在中间品生产过程中,技术进步可通过中间产品进口产生扩散,产业承接地可在不支付额外研发费用的前提下对其消化、吸收、模仿乃至创新。此外,中间产品可替代性大于最终产品,规模经济产生的成本节约将惠及下游,从而产生正的外部性(Ethier, 1982),也有利于推动发达地区向欠发达地区的技术扩散和外溢。

空间离散型产业链的原地区和承接地之间形成了以中间品为契约纽带的委托—代理关系,原地区将部分产业链工序外包出去,委托承接地生产。为了保障生产的顺利进行和产品质量,原地区的主导企业必然会对承接地生产单位进行相应的技术指导,包括派遣技术人员、提供技术设备和技术文件、提供培训等,使承接地具备相应工序的技术水平和管理能力,从而促进承接地技术的进步。而且承接地也可以在和原地区的不断协作交流中,学习模仿先进地区的技术和管理经验,提高自身生产水平。经济学文献已经证实了FDI与中国出口技术进步正相关,外商投资是导致中国出口结构向更加复杂的产业快速转移的根本原因之一(Xu and Lu, 2009; Xu, 2010)。产业链空间离散化的生产转移对于承接地而言也起到了类似于FDI的作用。此外,承接地与转出地之间的产业关联关系也是重要的技术扩散渠道。

而对于产业链环节的转出地来说,通过将不具有比较优势的产业链环节外包出去,将人、财、物等资源集中于核心环节的技术创新,能提高其技术创新效率,从而推动转出地的技术进步。转出地高技能劳动力向R&D部门的流动也能增加创新活动(Gao, 2002)。此外,产业链的某些工序转移到要素价格较低的地区之后,可以节约生产成本,专注于核心业务,增加主导企业利润,并可以投入再生产,刺激企业增加和扩大创新活动。

(三) 产业升级

产业链的空间离散化是产业升级的一种重要途径。综上所述,通过扩大产业转出地和承接地的就业,并促进各区域技术进步,可以从劳动力和技术等方面推动各地产业升级。除此之外,空间离散型产业链还具有产业结构转型、缩短产业转移周期的作用,从而推动产业升级。

产业链空间离散化的实质是生产过程在空间范围内进行优化重组的过程。原有地区将在本地区已经不具有比较优势的低端环节转移出去,而集中资源和人力资本发展更具比较优势的高端环节,能形成高端工序的进一步集聚推动本地产业结构向产业链高端攀升,扩大高端工序的生产规模。而且通过产业链工序的转移,原有地区可以利用承接地资源和在承接地创造的利润,支撑原有地区的扩大再生产,推动原有地区的产业结构转型和升级。比如,浙江省的纺织服装产业链正是通过将加工制造等低端环节转移到中西部,而专注于研发、品牌等高端环节,来推动纺织服装产业链的升级。

产业承接地尽管接受的是相对于发达地区而言低端的环节,但相对于产业承接地的原有产业来说是比较先进的,而且是符合承接地自身要素禀赋的生产工序,使产业承接地能够凭借自身的比较优势参与到发达地区的生产网络中去,享受发达地区的资本和技术转移,享受发达地区的发展红利。转入的产业链环节会与承接地原有产业形成新的生产网络,带动承接地原有产业向较为先进的产业发展,并进一步融入发达地区更为先进产业的产业链条,从而带动产业承接地整体的产业升级。

弗农 (Vernon, 1966) 产品生命周期理论认为,产品的生命周期分为产品创新阶段、成熟阶段和标准化阶段。随着时间的推移,不同阶段的产品在不同国家受到的重视程度将会发生变化,从而导致不同国家间的产业转移现象,在客观上又推动了产业移出国和产业移入国的产业结构调整和升级。一般而言发达地区是新产品的创新所在地,待进入成熟期或标准期后就会将生产过程向外地转移,即为产业梯度转移,但这存在一个相对较长的转移周期。比如，日本汽车制造业在 20 世纪六七十年代已经发展壮大起来了，1980 年日本汽车产量更是超过美国成为世界头号汽车生产王国。而直到 21 世纪初，汽车产业在日本已经进入完全成熟期，以丰田为代表的日本车企才开始进入中国，在中国合资建厂生产汽车，开拓中国市场。这主要是以最终产品为基础的产业转移，在原有地区已经没有增长空间，或者说技术已经处于衰退趋势，需转移开发新的市场空间，欠发达地区接入发达地区的产业转移周期较长。而如果是以中间产品为纽带的产业链空间离散化式的转移，发达地区为保持最终产品生产的顺利进行，会尽量保持生产技术的连续性，转移到欠发达地区的产业链工序不至于大幅度落后于原有地区，这样可缩短欠发达地区融入先进生产体系的滞后期，有利于产业承接地的产业升级。

（四）区际协同效应

在新经济地理学中，我国地区差距（主要是收入差距）主要由要素流动引发的产业集聚导致（梁琦，2004；范剑勇，2004，2006；陈良文、杨开忠，2007）。随着区域经济一体化程度的不断提高（运输成本的不断下降），经济活动的分布规律是分散—集聚—再分散的过程。经济增长与区域差距也随着经济活动不同的空间分布而呈现"倒 U 型"的变化规律。Krugman（1991）模型显示，两地之间会形成工资空间差距，而且这种差距具有"正反馈"作用。工资越高，越能吸引更多的制造业工人，正是这种"正反馈"作用使农业和制造业原本均匀分布的经济体逐渐演化出一种中心—外围结构，而名义工资差距也会呈现出显著的扩大倾向。Fujita（1999）在其基础上进一步论证了接近中心市场的地区具有更高的名义工资和实际工资。根据空间经济分布与区域差距的"倒 U 型"关系，中心—外围结构形成过程（集聚过程），会扩大核心区与边缘区的地区差距。覃一冬和张先锋（2014）认为，经济活动的空间集聚会导致地区居民之间收入差距的扩大，并且空间集聚对地区收入差距的影响作用会随地区运输成本的下降而削弱。

改革开放以来，一方面，中国经济活动的空间分布模式也发生了显著变化，经济活动的空间集聚现象日益凸显，并且已经形成了以东部沿海地区为集聚中心、中西部内陆地区为外围的经济地理现状。与此同时，中国地区间收入差距持续扩大，至 20 世纪末，我国已经成为世界上收入差距最为悬殊的国家之一。这正是空间经济分布与收入差距"倒 U 型"关系的左边部分所呈现的状态。而通过产业链的空间离散化，可以将部分生产环节转移出去，扩大承接地的生产，在承接地形成相应产业链工序的集聚过程，提高承接地的工资水平，从而缩小地区差距。从 2004 年左右开始我国东西部地区的收入差距趋于缩小（许召元、李善同，2006；江静、刘志彪，2012），产业聚集的效应在 2004 年以前一直发挥着促使产业向东部沿海地区集聚的重要作用，而在这之后该效应的效果逐渐下降，表现为制造业特别是劳动密集型产业出现向中西部内陆地区移转的趋势（曲玥等，2013）。企业的综合经营成本上升和要素成本的提高而诱发的产业转移是地区差距缩小的重要因素。

另一方面，新经济地理学的产业垂直关联模型说明，由于劳动力的空间不可流动性，最终消费品中制造业的份额增大意味着边缘区劳动力的需求增大，这种需求成为一种强大的分散力。我国劳动力的跨区域流动性较差，在工业化程度日益加深（制造业产品份额增大）的情况下，本地居民需求会不断扩大，这也正是制造业产业链的空间扩散的动因之一。随着产业链的空间离散化，在自我强化机制的作用下，又能推动产业承接地居民（不可流动的劳动力）的需求增长，有助于缩小地区差距。

二、消极效应

（一）低端锁定

当前，异质性之间互相作用关系（异质性的企业和异质性的劳动在空间上的匹配问题）已经成为新经济地理学研究的重要方向。更多的是，从企业和劳动力异质性方面来解释经济活动的空间差异，以及由此带来的经济增长和区域差距的关系（Okubo et al., 2010；Fallah et al., 2011），即"新"新经济地理学。研究表明，存在生产率差异的情况下，空间经济具有选择效应，在市场拥挤效应作用下，往往是低效率企业率先从核心地区向边缘地区转移。对于产业链同样如此，在产业链空间离散化过程中，转移出去的一般是产业链上"相对低端"的工序或环节，以及非核心或已经成熟的技术。发达地区通过将"相对低端"的工序转移出去，专注核心环节，实现了向产业链高端的攀升。而欠发达地区因为要依靠发达地区转移的技术，扩大"相对低端"工序的生产规模，形成了对产业链核心环节的技术依赖，容易陷入路径依赖，被锁定在"相对低端"的工序上无法向高端攀升。

此外，核心环节在产业链上处于主导地位，主导着产业链的技术标准和发展方向，享受着产业链的大部分分工利益。为了维持自身的主导地位和利益分配格局，核心环节的主体会利用其技术、资本等优势对其他环节实施产业链控制，这在一定程度上制约了其他环节所在区域的自主创新，不利于其产业升级。这种处于产业链优势地位的企业对非主导企业的产业链控制在跨国的产业链空间离散中表现得更加明显。

而且，虽然产业链的空间离散化有助于缩小地区收入差距，但是由于率先转移的往往是低生产率工序，会扩大转出地与承接地之间的生产率差距（Okubo，2009），阻碍区域协调发展。

（二）产业空心化

随着产业链的空间离散，一部分产业链工序或环节被转移出去，转出地的相应工序不断萎缩，如果没有很好填补转出环节迁移后的生产空缺，容易导致本地生产体系陷入"产业空心化"的后遗症：一是转出环节的劳动者由于缺乏跟随工序转移的流动性，在本地失去就业机会，而尚未迁移的相同工序在本地不能享受规模经济，会出现经营困难甚至破产，就会对本地消费和本地经济造成负面影响；二是新兴产业尚未形成竞争优势或者难以支撑本地经济增长，本地经济发展将失去较为稳定的增长动力；三是转出环节一般为物质生产环节，而保留在本地的多为服务环节，产业链的空间离散会使本地生产网络的物质生产与服务型生产比例失衡，使服务型生产失去物质支撑。

第三节　空间离散型产业链的运行障碍

一、地理障碍

在集聚状态下，产业链上下游环节的主体无空间距离阻碍，各产业链主体可以通畅交流，共享基础设施，获得集聚经济和规模经济收益。在空间离散状态下，不同产业链环节之间不仅失去了集聚经济和规模经济收益，影响整条产业链的经济利润，而且由于空间分散而导致的地理障碍也会影响空间离散型产业链的运行。主要存在以下三个方面的影响。

(一) 地理区位

地理区位对集聚在同一地区的产业链主体的影响是相同的。而产业链进行空间离散之后，产业链主体位于不同区域，在空间是异质性的情况下，地理区位就存在差异，会对产业链的运行造成一定影响。在原集聚区域，比如我国东部发达地区，产业链主体可以在园区内享受完备的基础设施，而扩散到西部地区之后，面对的可能是不完备的基础条件和较为艰苦的地理条件。中国是世界上最大的服装出口国，主要出口中国香港、日本、美国、欧盟和韩国等地区和国家。在开放经济中，东南沿海不仅距离这些出口市场距离更近，而且拥有良好的空港和海港条件，对接国际市场区位优势明显。如果将产业链的生产加工工序迁移到中西部地区，就出口市场而言，地理区位就会给产品出口带来一定障碍。虽然西部地区也拥有连接中南亚、西亚市场的区位优势，但相对而言，欧美和日韩的市场规模更大，是国际贸易的主战场，东部地区的区位更为优越。

(二) 运输成本

由于产业链的空间离散化，中间产品供给由原来的本地供给变成了异地供给，这不可避免地产生了运输成本，而且运输成本还会随着空间距离的增大而增大，提高了产业链运行的经济成本。如果产业链主体无法从异地享受到充分的要素红利，那么空间离散而产生的运输成本将会极大地影响产业链收益。对于纺织服装产业链来说，转移到中西部地区是为了利用较为低廉的土地、劳动力和能源成本，但同时也会因为远离销售市场和原料供应地，而增加运输成本。比如在四川，很多企业需要的面料都从广州、福建等地采购过来，外地采购无疑增加了企业的物流运输成本。与此同时，中西部地区多是山区，交通还不是很便利，这就使纺织服装企业的运输费加大，产品外运成本提高。

（三）要素供应

集聚状态下，各产业链主体已经拥有了固定的要素供给市场，生产和要素供给协调度较高，匹配较好。空间离散化之后，扩散出去的产业链环节就要面对不同区域的要素供给市场。中国中西部地区的要素供给水平相对于东部发达地区存在差距，存在无法匹配东部产业链空间离散而转移来的产业链环节的风险，影响整条产业链的运行。由于不同区域的要素供给存在差异，比如劳动力，就会给产业链运行带来阻碍。劳动力成本低是吸引沿海地区纺织服装业向中西部转移的因素之一，但当地招募的工人技术水平较差，无法满足生产的技术需求。而投入大量费用对工人进行培训之后，又面临着提高了技术能力的工人的流失风险，导致普通技工断层、高级技工短缺，造成产业链中间工序的断档，直接影响生产的进度。而操作人员的频繁更换，就不能保证产业链工艺的统一延续，进而会影响产品质量的稳定。此外，企业管理人员和本地工人在观念上也存在差异，难免导致双方产生纠纷。

二、体制机制障碍

集聚在同一区域的产业链主体面临的制度条件是相同的，制度因素不会对产业链运行造成阻碍。而空间离散化状态下，产业链环节分散到不同区域，就会面对不同的制度因素，不同的制度和政策会影响产业链的运行。东部市场制度较为完善，企业运行的制度性交易成本较低，而西部欠发达地区市场制度发育不完善，经济开放程度相对东部偏低，市场中介组织和法律制度环境等因素相对于东部而言都较低，企业运行的制度性交易成本相对较高。目前呈现空间离散化的产业链主要是制造业，受生态约束影响较大。东西部地区生态约束强度的差异也会影响空间离散化产业链的运行。

(一) 地方保护主义

我国普遍存在地方政府竞争，地方保护主义对区际产品和要素流动有一定的干扰和制约，将会影响产业链上中间产品的跨区域正常流动，降低空间离散化产业链的运行效率。

地方保护主义是指地方政府为了维护其辖区内经济主体的利益（包括其自身利益），通过行政管制手段限制资源地域性流动或实施歧视性待遇的各种行为。地方政府保护辖区内经济主体的合法利益是天经地义的，但是保护程度应适当，保护手段本身必须具有合法性，不应破坏公平竞争原则。但是在竞争压力之下，地方政府往往只希望有利于本地区的商品和要素进出而不顾及其他地区的利益，设置流通上的障碍，采取许多地方保护措施，以行政手段分割统一市场，制造辖区内的市场垄断和市场封锁，降低要素的流动性和市场对资源的配置效率。地方保护主义会导致地区封锁和市场分割[1]，严重阻碍了全国性统一市场体系的形成，大大提高了市场行为的交易成本，也降低了分工和专业化水平。而市场经济体制必须是完整、统一、自由、公平和规范的市场体系。

法国经济学家庞赛特（Sandra Poncet，2003）对中国省际贸易障碍的研究显示，1987年中国消费者购买各自所属省份自制产品的数量为他省产

---

[1] 2001年4月21日颁布的《国务院关于禁止在市场经济活动中实行地区封锁的规定》列举了七种主要的市场分割和地区封锁行为，其余行为只能作为"实行地区封锁的其他行为"列的第八种。市场分割是指利用地方性的政策法规、经济权势等对市场进行割裂或封锁，形成市场的非整合状态。

品的 10 倍，但到 1997 年却飙升到了 21 倍。同期中国省际商品贸易的平均"关税"水平则由 35% 提升至 46%，上涨了 11%。这一关税水平超过了欧盟各成员国之间的关税水平，和加拿大与美国之间的贸易关税水平相当。这显得中国省域经济之间不太像一个统一的国家，反而更像松散的"邦联"。2001 年全国最大的肉类加工企业双汇集团在全国筹划冷鲜肉上市，其特许经营店刚开业即在湖北、江西、河北、湖南、山西等地相继遭查封，这也是地区封锁和市场分割的典型。另外，地方保护主义管制价格，限制资源流动，扭曲了市场正常的价格信号，加大了市场信息的非对称性和不完整性，破坏了市场机制。而且地方保护主义容易产生"寻租"等腐败行为，最终影响经济增长。由于对生产要素管制政策的制定权多在省级政府，所以省级区域之间的地方保护和市场分割最为明显。

（二）区域制度差异

制度经济学一直强调制度在经济发展中的根本性作用。诺贝尔经济学奖得主诺斯（1994）强调，有效的制度安排能够降低交易成本，缩小个人行为产生的私人收益与社会收益间的差距，从而使社会产出最大化。制度因素是主导区域差距相对变化趋势的重要因素（王小鲁、樊纲，2004）。中国是一个幅员辽阔发展中的大国和转型中的经济体，地区之间除了经济发展显著不平衡之外，也存在明显的契约制度差异。以合同的执行时间为例，根据 2008 年世界银行对中国除西藏拉萨之外的 30 个省会（首府）城市、直辖市所做的营商环境调查，东南地区的法院执行一个合同平均需要 230 天，但在东北平均需要 363 天。若按照执行合同费用占诉讼价值（Claim Value）的比重，东南地区最低（11.5%），中部最高（29.9%）（黄玖立、周漩，2018）。中国是一个发展中大国，各省份的经济发展水平、产业结构、市场化程度和开放水平存在巨大差距，这使各区域的制度安排和制度环境也存在差异。2016 年，按地区计算的市场化总指数得分水平，东、中、东北部、西部地区分别为 8.67、6.91、6.53、5.05，东、西部的市场化指数（制度环境）差异还是比较明显的，而且市场化在西部地区和东北地区的进程落后于全国平均水平（王小鲁、樊纲和胡李鹏，

2019)。从各省份的市场化总指数也可以看出，北京、上海、江苏、浙江、广东等发达地区的市场化总指数明显高于青海、甘肃等相对不发达地区（见表5-2）。在市场中介组织的发育和法治环境方面，上海、浙江、北京、广东、天津排在前五位，西藏、贵州、内蒙古、云南、海南排在最后五位，这也反映了在市场化制度建设方面的制度环境差异。

表5-2 各省份市场化总指数评分　　　　　　　　　　单位：分

地区＼年份	2008	2010	2012	2014	2016
北京	7.24	7.94	8.75	9.37	9.14
天津	6.56	7.06	9.02	9.29	9.78
河北	5.50	4.98	5.44	6.03	6.42
山西	4.29	4.51	4.79	5.15	5.66
内蒙古	4.66	4.46	5.19	4.96	4.80
辽宁	6.32	6.24	6.53	6.88	6.75
吉林	5.72	5.42	6.06	6.27	6.70
黑龙江	4.84	4.78	5.94	6.16	6.14
上海	8.14	8.79	8.70	9.77	9.93
江苏	7.84	8.59	9.94	9.64	9.26
浙江	7.78	8.18	9.28	9.73	9.97
安徽	5.92	6.12	6.25	7.40	7.09
福建	6.79	6.72	7.33	8.09	9.15
江西	5.45	5.61	5.68	6.74	7.04
山东	6.89	6.75	7.24	7.76	7.94
河南	5.89	6.08	6.34	6.85	7.10
湖北	5.40	5.50	6.21	7.16	7.47
湖南	5.35	5.47	5.70	6.78	7.07
广东	7.52	7.73	8.33	9.30	9.86

续表

年份 地区	2008	2010	2012	2014	2016
广西	5.68	5.13	6.19	6.48	6.43
海南	4.43	4.68	5.46	5.87	5.28
重庆	6.04	6.22	6.94	7.80	8.15
四川	5.78	5.75	6.03	6.52	7.08
贵州	4.44	3.53	4.33	4.81	4.85
云南	4.49	4.94	4.39	4.81	4.55
西藏	1.27	0.39	0.02	0.71	1.02
陕西	4.33	3.92	5.11	6.29	6.57
甘肃	3.72	3.28	3.26	3.86	4.54
青海	2.95	2.37	2.55	2.53	3.37
宁夏	4.14	3.83	4.28	5.15	5.14
新疆	3.51	2.81	2.87	3.45	4.10

资料来源：王小鲁，樊纲，胡李鹏. 中国分省份市场化指数报告（2018）[M]. 北京：社会科学文献出版社，2019.

（三）区域合作的"囚徒困境"

在空间离散型产业链上，产业转出地和承接地之间形成了合作关系，空间离散型产业链的顺利运行以及产业链升级依赖于各地区之间的良好合作。但在地方政府竞争和市场竞争压力下，地区之间以及各地区的企业之间也存在竞争关系，容易陷入"囚徒困境"。产业转出地为了自己的利益极力压低产业承接地的要素价格和中间产品的进货价格，利润空间的急剧缩小迫使产业承接地的生产商使用性能较差的低价原材料，结果导致最终产品市场需求下降；承接地生产商不愿与转出地主导生产商分担研发费用，却享受到了研发所带来的利益，在研发费用开支过大的情况下，主导厂商被迫削减研发经费，影响整条产业链的技术创新甚至正常运行，导致产业链升级受阻。

"囚徒困境"是非合作博弈的典型案例,反映了个体理性与集体理性的冲突。"囚徒困境"之所以能够成为纳什均衡解,与它固有的处境结构相关。其一,参与者之间的博弈是一次性的或博弈次数非常有限;其二,参与者缺乏有效的信息沟通。尽管在有限次重复博弈中可以通过实施"触发策略"来增进合作,达到集体利益较大的纳什均衡,但触发策略实施的前提条件是博弈存在多个纳什均衡。产业链上的生产者之间的关系满足重复博弈条件,但多个纳什均衡的条件很难满足,产业链主体的非合作博弈关系就会陷入只有唯一纳什均衡的"囚徒困境"。

第四节 空间离散型产业链顺畅运行的策略

一、缓坡型产业梯度转移

如前所述,在空间离散型情况下,产业链的运行会出现地理障碍。一般而言,两地相距越远,市场条件相差越大,地理对空间离散型产业链运行的负面影响越大。根据产业梯度转移理论,也就是说不同工序所处区域的产业梯度相差较大。在产业链的空间离散化过程中,为保证产业链的正常运行,应实施产业链工序的平滑型梯度转移,避免空间差异所带来的地理障碍。

(一)产业梯度系数

从区域经济学的角度来看,梯度是区域间经济发展差距在地图上的表示。戴宏伟(2006)首次对产业梯度的定义进行了明确的界定,认为产业梯度是因为国家或地区间生产要素禀赋差异、技术差距、产业分工不同而在产业结构水平上形成的阶梯状差距。他也最先用区位熵和比较劳动生产率的乘积来衡量区域产业梯度水平，并称为产业梯度系数，即产业梯度系数（IGC）=区位熵（LQ）×比较劳动生产率（CPOR）。

其中，区位熵的含义为 i 地区 j 产业的工业生产总值占 i 地区工业生产总值的比重与 j 产业全国工业生产总值占全国工业生产总值的比重，其计算公式如式（5-1）所示：

$$LQ_{ij} = \frac{y_{ij}/y_i}{Y_j/Y} \quad (5-1)$$

其中，LQ_{ij} 就是 i 地区的 j 产业在全国的区位熵，y_{ij} 为 i 地区的 j 产业的相关指标（例如产值、就业人数等）；y_i 为 i 地区所有产业的相关指标；Y_j 指在全国范围内 j 产业的相关指标；Y 为全国所有产业的相关指标。LQ_{ij} 的值越高，地区产业集聚水平就越高。一般来说，当 $LQ_{ij}>1$ 时，我们认为 i 地区的区域经济在全国来说具有优势；当 $LQ_{ij}<1$ 时，我们认为 i 地区的区域经济在全国来说具有劣势。

$CPOR_{ij}$ 是比较劳动生产率，表示 i 地区 j 产业的工业生产总值占该行业全国 j 产业生产总值的比重与 i 地区 j 产业的从业人员占全国 j 产业从业人员的比重之比，计算公式为式（5-2）：

$$CPOR_{ij} = \frac{y_{ij}/y_j}{L_{ij}/L_j} \quad (5-2)$$

区位熵只是反映了产业的专业化水平或者说产业的市场规模，但忽略了区域差异给产业成长带来的影响。比较劳动生产率又称相对国民收入，是衡量产业先进程度的指标，反映了产业技术水平的高低，也是区域差异的重要影响因素。综合来看，区域之间的产业发展程度的高低或者产业梯度高低是产业集中度和劳动生产率共同决定的，且互为乘数作用，即专业化程度越高，劳动生产率也越高。因而，可以用两者的乘积来衡量产业梯度的大小。产业梯度系数方法弥补了区位熵方法无法准确表示区域间劳动生产率差异引起的偏差，而且比较劳动生产率数据较易获取，系数计算方法更简便。

但上述产业梯度系数只考虑了劳动力、技术等少数几个要素的作用，而忽视了很重要的一个要素——资本。劳动力和资本因素是影响产业转移最直接的要素之一。熊必琳等（2007）用比较资本产出率（CCOR）反映区域产业的盈利能力，将产业梯度系数改进为：产业梯度系数=区位熵×比较劳动生产率×比较资本产出率。其中，比较资本产出率（CCOR）等于地区该产业增加值占该行业全国增加值的比重除以地区该产业平均资本占全国该产业平均资本的比重。此外，各地区也存在制度差异，产业梯度系数还可以进一步考虑制度因素。

（二）影响产业转移的产业梯度差

两地区之间的产业梯度差直观地反映了两地区之间产业发展和成长环境的差异。不同地区的产业梯度差可以直接用产业梯度系数差来反映。如果两地之间的产业梯度系数差较大，说明两地之间的产业发展条件差异较大，两地之间的产业转移难度就面临较大困境。因为某个产业链工序在原地区发展已经形成了一定的要素依赖，转移到一个要素或产业环境相差较大的地区，脱离了原地区的成长条件，很容易"水土不服"或者失去继续成长的有利条件。

上述产业梯度系数都是基于某一个地区以全国为基准计算出的相对值，缺乏影响产业转移的两地区之间的空间因素，比如基于空间距离的贸易成本。空间距离大，自然会拉大两地之间的产业梯度。考虑空间关系，我们可以设计两地之间的产业梯度差（IGD），见式（5-3）：

$$IGD_{ij} = \left(\alpha_1 \frac{LQ_i}{LQ_j} + \alpha_2 \frac{CPOR_i}{CPOR_j} + \alpha_3 \frac{CCOR_i}{CCOR_j} + \alpha_4 \frac{CIP_i}{CIP_j} + \cdots + \alpha_n \frac{\cdots}{\cdots} \right) \times \ln d_{ij}$$

(5-3)

其中，$\alpha_1 + \alpha_2 + \cdots + \alpha_n = 1$，CIP 表示比较制度绩效，是用来衡量制度因素的指标，还可以根据实际情况，加入其他因素。为直观表示两地之间的产业梯度差，每个因素取两地相应指标的商。对于不同产业而言，各因素的影响作用大小存在差异，因此对每个因素的商采用权重系数，表示在产业转移中，各影响因素的作用大小。两地之间的距离也是一个不容忽视的因素。距离近意味着产业梯度差较小，有利于产业转移。例如，东南沿海有些产业的产业链工序不是转向中西部地区，而是中心城市的周边地区，比如珠三角的产业链迁移到广东省内的清远、韶关。

由于产业基础、市场规模、制度环境的因素差异，不同地区之间存在梯度差，可分为缓坡型梯度差和陡坡型梯度差（如图5-1所示）。中间的圆表示高梯度地区，外边的圆表示低梯度地区，类似于梯田。如图5-1所示，左边不同梯度层级之间的坡度较缓，而右边的坡度较陡。坡度的陡与缓由各地区之间的多因素综合作用引起。

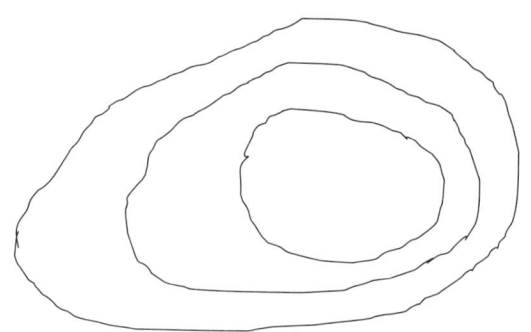

图5-1 高梯度差和低梯度差

产业链的空间离散化一般是产业链工序从高梯度地区向低梯度地区转移。如果两地之间的梯度差较大，就说明某些对产业发展较为重要的因素存在较大差异，转移的产业链工序无法在低梯度地区正常发展，或者低梯度地区没有足够的能力承接高梯度地区转移过来的产业链环节，这就直接影响了空间离散型产业链的运行。

在我国，东、中、西部地区经济技术发展水平存在明显的梯度差异，相对中、西部地区，东部沿海是高梯度地区。根据梯度推移理论，东部沿海地区失去比较优势的劳动密集型产业会向中西部地区转移，这样既能使东部地区腾出空间发展资本和技术密集型产业，又能使中西部地区通过承接产业转移带动经济快速发展并实现产业升级，从而缩小中西部地区与东部沿海地区经济发展的差距。但是，即使各级政府纷纷采取优惠政策推动产业转移，但是中西部地区在承接东南沿海地区的产业转移过程中没有出现明显的产业升级（陈秀山、许瑛，2008；冯根富、刘志勇和蒋文定，2010；毛广雄，2010）。不少已经西迁的企业经营困难，其主要表现有产业配套不完善、运输困难、技工难找等。而这些其实是两地区之间的产业基础差异、贸易成本高、劳动力差异、融资渠道窄等因素造成的，综合来说就是两地之间的梯度差太多，构建在陡坡型梯度差区域的空间离散型产业链无法正常运行。

产业梯度差是两地之间产业技术经济差异的综合反映。产业链的空间离散化应该尽可能实行缓坡产业梯度转移，在梯度差较小的地区之间实施。缓坡型产业梯度转移并不意味着承接地所有条件都需要与转出地差异小，而只是综合因素作用的结果。在梯度差小的情况下，即使两地之间某些因素差异较大，比如运输成本高，但是其他因素差异较小，就能弥补少数因素所带来的障碍。比如产业配套较好，劳动力成本低且技术能力达到标准。不少东南沿海中心城市的产业更倾向于向周边地区转移，一个重要原因就是周边地区贸易成本低，产业基础差异不大，劳动力供应相似。即产业梯度较为缓和，是缓坡型产业转移，更有利于转移的产业链环节的成长以及整条产业链的顺畅运行。

二、空间均衡性区域合作

1994年后，随着经济分权改革的推进，地方政府间的市场化竞争越发明显，地方官员晋升必须面对上级政府的经济增长绩效考核。在经济增长要素竞争和官员晋升竞争的双重激励下产生了"为增长而竞争"的地方政府行为模式（张军，2005），也造成了严重的地方保护主义，制约了区域合作（周黎安，2004）。区域合作的关键是地方政府之间的合作，就是要走出地方政府博弈的"囚徒困境"，实现区域合作的空间均衡。

（一）空间离散型产业链的合作博弈

产业链的空间离散化是产业链某些工序的主体通过空间迁移实现跨区域资源利用和开发，是对自身生产过程的重构和对其他空间的再开发。在空间离散型产业链上，每个区域都不生产完整的产品，而只完成某个工序，每个区域需要共同配合才能完成最终产品的生产。在这个空间生产的过程中，通过产业组织结构的空间功能和形态的改变，为不同区域创造价值。由此可见，各区域是围绕着空间离散型产业链的联盟生产和合作博弈。

对于"n个局中人的合作博弈"，每个局中人既独立决策，还要考虑与其他局中人合作。而且还要考虑其他局中人不合作时，他应该如何采取措施重新达成合作，或者另寻新的合作伙伴。因此，在合作博弈中，对各个局中人来讲，重要的不是他在其策略集中选取一个什么策略，而是与哪些局中人结成联盟（Coalition），统一协调行动。对于产业链上的生产者而言，必须结成联盟，才能顺利完成最终产品的生产。在空间离散型产业链上，每个环节的参与主体考虑的重点应该就是如何与其他环节主体结成稳定的联盟，保证产业链的顺利运作，如果出现产业链断裂，很难重新寻找到能作为替代品的新产业链工序缔结联盟。

（二）合作均衡的条件及地方政府策略

1. 有约束的协议

合作博弈区别于非合作博弈的主要特征在于所研究的行动参与人的行为在相互作用时，能否达成一个具有约束力的协议。合作均衡的首要条件是建立有约束力的合作协议，制定兼顾各方利益的博弈规则，保证整体利益大于非合作主体的利益之和。有约束力的协议的达成是通过合作成员之间的有效磋商来实现的。如果通过合作成员国之间的有效磋商来达成有约束力的协议，即合作各方共同认可的协议，就可以确保这些协议能在竞争与合作并存的一体化过程中得以实现。有效磋商指的是合作成员可以通过各自策略的可行变化使所有合作成员都受益。空间离散型产业链建立后，将在各区域内产生静态效应（贸易转移和贸易创造效应）和动态效应（竞争效应和规模经济效应），各区域内成员因此可以获利。因此，不同区域之间的产业合作的充分条件是各区域各方能够通过有效的磋商，协调彼此之间的利益分配并最终达成有约束力的利益分配协议，约束彼此的经济行为。而参与区域博弈的双方能够进行有效的磋商，说明各区域都能满足对方的需求，各区域具有经济技术互补性。如果各区域之间没有互补性，就很难产生持续的合作。因此,形成有约束力的产业合作的必要条件是区域经济的互补性。

根据以上分析,要想实施有效的产业链空间离散化的产业转移,应以有利于达到区域合作的空间均衡为目标,选择产业互补性较强的区域形成产业转出地和产业承接地的生产联盟,这样有利于达到有约束力的协议。特别是具有经济互补性的区域的地方政府可建立区域磋商对话机制,共建产业园区或飞地园区,搭建产业合作平台,推动区域之间的产业合作。上级政府也可以建立专门的组织协调机构,推动形成有约束力的区域合作协议,促进产业链的跨区域转移和空间离散型产业链的良好运行。例如,上海在江苏、安徽等地逐步建立了合作园区和开发区,国务院批准成立了"皖江城市带承接产业转移示范区",推动安徽承接长三角的产业转移。2018年6月2日,国家发改委、国土资源部、商务部等八部委联合出台《关于支持"飞地经济"发展的指导意见》,鼓励共建产业园区。"飞地经济"模式为打破区划限制,跨空间资源开发,实现具有互补性的区域之间的产业合作提供了有效途径。

2. 合理的利益分配

缔结稳定联盟的关键在于合作利益的分配,只有建立有效的利益分配机制,才能激励各局中人积极参与联盟生产,维持联盟的稳定和持续发展。通过有效磋商,合作各方可以建立一个利益平衡机制,使合作中获益较少的成员确信暂时的获益受损可以从长期稳定的合作中得到补偿,而获益较高的成员会自愿在某些方面为其他成员的利益承诺一定的让步。也就是说,从长期看,空间离散型产业链上产业承接地和产业转出地的收益提高至少要等于各区域参加区域经济合作引起的直接收益损失。

对于一个合作博弈,满足 $x_i \geqslant v(\{i\})$, $i = 1, 2, \cdots, n$, $\sum_{i \in N} x_i = v(N)$ 的支付向量称为合作博弈 v 的分配。其中,x_i 表示第 i 个局中人所得的份额,$v(\{i\})$ 表示局中人选择单干时所获得的收益。前一个式子称为个体理性条件,它表明每个局中人所获收益至少与其单干时所得一样多。后一个式子称为集体理性条件,它表明满足的支付向量使合作成员最大限度地获得了合作带来的好处。对于 n 人合作博弈 (N, v),分配集 E(v) 中不被任何分配优超的分配的全体,称为核心(Core),即核心满足 $\sum_{i \in S} x_i \geq v(X)$,$\forall S \subset N$,$\sum_{i \in N} x_i = v(N)$ 的全体支付向量组成,称为联盟合理性条件,其中 v(N) 为合作总收益,v(X) 为非合作情形下所有成员的收益之和。

如果博弈的核心是非空的,就可以按照这样一种方式分配,将合作总收益 v(N) 分配给各局中人,使博弈的核心不仅满足个体理性条件和集体理性条件,而且满足联盟合理性,实现合作均衡。如果一个可行的分配方案 x 不在核心中,那么必然存在联盟 S,其局中人通过合作,共同分配联盟的值 v(S),使每个局中人所得收益都严格优于在分配 x 中的所得。所以,位于核心中的分配是联盟中的局中人可以接受的分配,除非联盟中有人同意让自己的收益小于其应得的收益。

如果根据各局中人给联盟带来的增值的比例来分配合作带来的收益,就可以建立基于 Shapley 值的利益分配方案(Shapley,1953)。设离散型产业链的工序集合 N={1, 2, 3}。对于 N 的任一子集 s(表示 3 个工序集合的任意组合)都对应着一个实值函数 V(s),满足 V($\emptyset$) = 0,V($s_i \cup s_j$) $\geq$ V(s_i+s_j),其中,V($s_i \cap s_j$) = $\geq \emptyset$,则称 [N, V] 为 3 个工序合作的对策,V 称为对策的特征函数,V(s) 称为合作联盟 s 的收益值。Sharply 值由特征函数确定,记作 X = (X_1, X_2, X_3),称为产业链工序合作博弈的分配策略,其中对任意的 i=1, 2, 3,有式(5-4):

$$X_i(V) = \sum_{S_i \subset S} W(|S|)[V(s) - V(s-i)]$$

$$W(|S|) = \frac{(3-|s|)!\,(|s|-1)!}{3!} \tag{5-4}$$

其中,s 是包含了产业链工序的所有子集,|s| 是子集中的元素个数,W(|S|) 是加权因子,V(s) 是包含工序 i 联盟 s 的合作收益,V(s-i) 是不包含工序的联盟收益。

在形成空间离散化产业链的产业转移过程中,必须建立利益补偿机制,使得益较多的产业转出地给予得益较少的产业承接地一定的补偿,才能维持空间离散型产业链的良好运行及其升级。根据合作博弈理论,当所

有局中人都参加合作时,处于核心位置的分配向量给予每个局中人的利益补偿量为式(5-5):

$$T_i = \frac{1}{2}\sum_{j\neq i}^{n}[(\pi_j^i - \delta_j^i) - (\pi_i^j - \delta_i^j)], \quad i = 1, 2, \cdots, n \quad (5-5)$$

其中,π_j^i 是 i 不与 j 合作而与其他生产主体合作的收益,δ_j^i 则是 i 不与 j 合作的损失。所以,$\pi_j^i - \delta_j^i$ 是 i 不与 j 合作的净收益。同理,$\pi_i^j - \delta_i^j$ 是 j 不与 i 合作的净收益。由此可知,补偿给 i 的总净收益或 i 补偿给其他局中人的总净收益就是 i 与其合作对象全部净收益之差的和(T_i 可正可负)。但是,这意味着从不合作中得益较多的地区应从得益较少地区处得到补偿。显然这有悖于区域经济合作的目标。所以,在区域经济合作中得益较多的发达地区应给予得益较少的产业承接地一定的补偿,且补偿后该地区的得益仍然要大于不参加合作的得益。

因此,上级政府应建立向对应的财政支持或转移支付制度,给予承接产业链转移的地区一定的财政补偿。此外,产业转出地除了转移生产能力、提供技术支持之外,还可以通过频繁的人员交流、机制共建、信息共享、经验交流、制度合作等方式,以间接补偿的方式帮助欠发达地区提高制度运作效率,为区域合作创造更好的条件。

第六章

开放经济发展与产业链空间升级

在经济日益全球化的今天,产业链的空间离散化不仅表现在地区之间,更表现在国家之间。自巴拉萨首次以"垂直专业化"来描述产品生产过程中跨越国界形成的上下游企业之间的纵向关系以来,全球价值链逐渐成为国际贸易理论的热点问题。而全球价值链的形成实际上就是在开放经济发展中产业链跨国空间离散化的结果。

第一节 全球价值链与产业链空间组织

一、开放经济中产业结构变动与全球价值链

在开放经济中,产业结构的变动与国际分工演化存在内在的密切关系。在全球产业结构的大系统中,全球市场和要素以及全球流动的整体性演进和互动,使各国产业结构通过国际分工的相互联结,也产生了各国产业结构之间的空间互动关系,开放式的各国产业结构在整体性演进中表现出不同的演化方向。从传统的产业间分工发展到产业内分工,再从产业内分工深化到产品内价值环节或工序分工,体现了在全球产业体系中各国子

生产体系的生产分工和演化路径。

自20世纪60年代起,日本、韩国等新兴国家的兴起,带来了激烈的市场竞争,以美国为首的发达国家在竞争压力下开始调整产业结构,主要以发展资本、技术乃至知识密集型的行业为主,而把一些资源密集型、劳动密集型行业转移到发展中国家,逐渐开始形成发达国家与发展中国家之间的国际化分工。自20世纪80年代开始,市场经济体系在世界范围内的基本统一和逐步完善,推动了国际分工的进一步发展,为全球价值链分工的出现搭建了一个体制平台。贸易壁垒的逐渐降低,各国的贸易规则也越来越带有国际性特点。资本、商品、技术、人员等生产要素在企业之间流动的速度明显加快,企业的相互依存程度不断加强,国际竞争逐渐由对抗型竞争转向协作型竞争。在国际合作的深化过程中,发达国家不仅进行商品输出,更是通过资本输出逐渐取代商品输出,也使生产国际化和资本国际化趋势的不断加强。

另外,第三次技术革命对企业产生了深刻影响,促使企业生产体系的组织结构和管理方式从福特制发展到温特制。这是一种不同于从产品设计、制造到销售及售后服务都要在同一企业内部形成垂直一体化(也叫福特制)的生产体系。其典型特征是产品的价值链可分成独立的模块布置在不同的区域,企业生产围绕着产品标准进行,使信息产业的各个价值链独立出来成为单独的产业部门并在技术上成为可能。工业品的价值链环节越来越具有空间上的可分布性,从而也促进了国际分工进一步向纵深和广度方面发展。在国际上处于主导地位的厂商,为进一步拓展市场,优化资源配置,进而在全球范围内寻找最优越的区位进行相关的产品价值链环节的生产布点,充分利用其他国家低廉的生产要素和庞大的未开发市场,使传统的以产品为界限的国际专业化分工,逐渐演变为同一产品内某个环节或某道工序的专业化分工,由此形成了全球性的价值链分工。伴随着国际分工的逐渐深化,产品价值创造体系的各个价值环节重组到全世界范围内的不同空间。产品价值链在全球范围内的垂直分离和整合,逐渐形成了全球价值链。这一概念由杰瑞夫正式提出(Gereffi,2003),是在其"全球商品链"概念(Gereffi,1994)的基础上提出的。这是自巴拉萨首次以"垂直专业化"来描述产品生产过程中跨越国界形成的上下游企业之间的纵向关系以来，对产业链国际分工认识的一次升华，体现了对国际分工的内容从产业间发展到各个产业部门内部的分工，再发展到以产品价值链为基础的分工的认识的深化。

20世纪70年代末，中国开始实行改革开放政策，逐步融入世界经济体系。随着对外开放进一步扩大，中国日益成为国际价值链分工体系的重要环节。由于大量廉价劳动力和相对丰富的自然资源等比较优势的存在，加上庞大的市场规模，中国利用全球产业结构重构的机会，抓住全球价值链分工模式下的国际产业转移的机遇，通过吸收外国直接投资和承接国际代工订单，大力发展加工贸易，建立起了面向全球市场的外向型生产体系和产业结构。以制造业为代表的中国经济，在参与国际分工合作的过程中发挥比较优势，不断成长壮大，已具有了相当的规模和国际竞争力，"中国制造"享誉全球。全球价值链分工和我国外向型发展战略内外部双重因素的共同作用，促进了中国产业发展由内向型结构向外向型结构的演进，也使世界各国都在不同程度上分享到了中国经济快速增长和发展的成果，加快了经济全球化的进程。当然，融入全球价值链分工体系也使我国生产环节面临国际分工体系主导企业的"低端锁定"。如何在全球价值链分工条件下推进中国产业攀升到产业链高端，推动产业升级，已经成为当前我国产业结构调整发展必须解决的迫切问题。

二、全球价值链的产业链空间组织关系

（一）全球价值链的分工形态具有显著的空间离散性

首先，是不同的价值链环节在全球范围内分离，并分散到不同国家或地域，从而使各个分工环节在空间上分离开来，进而在全球范围内不断延伸，体现了价值链环节在全球范围的空间性；其次，这种分工形态的空间性是异质的，可以形成竞争性均衡。全球价值链所连接的各国和地区拥有不同的资源禀赋、经济基础、发展阶段、制度环境和要素供给，是具有显著差异性的空间。这种空间的异质性也直接决定了全球价值链环节的空间布局：高端环

节基本都集聚于发达国家的大中型城市，而低端环节基本集聚于一些发展中国家中的城市。比如，跨国企业基本都把研发、设计以及营销等高端生产环节集中在发达国家的大中型城市，而把以劳动密集型加工组装为主的低端生产环节转移到中国或东南亚等发展中国家，因为发展中国家在劳动力、土地、自然资源等要素方面具备发达国家所不可匹敌的绝对成本优势。

李海舰和聂辉华（2002）形象地将这种分工形态的空间性比喻为"脑体产业分离"，他们认为企业要实现在全球要素资源配置的最优化，在战术上就要落实"脑袋"和"躯体"的最优配置。由于全球各地要素禀赋的差异，企业的"脑""体"在不同的地方和不同的企业必然有不同的运行成本，这就要求企业对自身组织资源进行合理分工，实行"脑体分离"。例如，IT行业巨子戴尔、东芝（TOSHIBA），航空巨头空中客车等纷纷将其"躯体"——制造部门转移到发展中国家来，在中国设立了重要的制造基地或组装基地。

（二）全球价值链分工形态的中间产业组织性

产业分工细化到产品内分工后，企业就不生产整个产品了，而是专注于生产的某个"区段"，某个区段或工序就可以独立成一个产业。而全球价值链的研发、制造、营销、营运管理等环节，虽然是企业的职能部门，但是在分散分离之后，也可以独立成为一个产业，企业可以分别将制造环节、营销环节和研发环节等交给具有比较优势的其他企业去承担，也就是"外包"。"外包"促进了价值链环节的产业化。研发、营销和营运管理被称作"脑袋产业"，制造被称作"躯体产业"。"躯体产业"由于其产品的模块化和可分性，空间分离后很容易形成独立产业。比如，世界代工巨头富士康就把制造加工这个价值链环节做成了一个规模庞大的产业，体现了制造加工环节的组织性。"脑袋产业"本质是服务业，产品不具有可分性，但在信息技术的推动下，服务对象和服务者可以实现空间分离。随着服务经济和服务贸易的发展和深化，空间分离后的服务职能也能够由独立企业承担，成长为独立产业，比如总部经济就是典型形态。以美国耐克公司（NIKE）为例，这家公司垄断了美国运动鞋和运动服装30%的市场份额，但它在美国一双鞋都不做,其产品的研发在意大利,制造在中国,市场营销则在美国。伴随"躯体"——制造部门的转移,"脑袋"——研发部门也可以从总部分离出来。

全球价值链分工是全球产业分工深化背景下的一次产业组织结构创新,是由众多企业通过价值链的互补性分工连接在一起的具有很强灵活性的产业组织形式,是产业链形态在全球空间演变呈现出来的状态。从经济组织的治理方式来看,全球价值链的空间组织方式明显区别于传统的"企业—市场"二元治理模式,它既不是单纯以股权维系的内部治理模式,也不是完全的独立自主决策的市场治理模式,而是介于两者之间的中间体组织形态,同时兼容了传统的二元治理模式的优势。如果把交易组织看成连续分布,市场可以定义为一个完全外部化的契约安排,而企业就是完全内部化的契约安排,而中间组织就是不同程度的部分内部化、部分外部化的契约安排。全球价值链组织不仅具有企业的契约内部化性质,通过各产业链主体长期稳定的网络合作关系,高效的协调和配置产业链上各环节的生产节奏和资源,降低产业链组织运行的交易成本,提高产业链组织效率。还具有市场性质,避免了完全内部化的体制僵化和组织官僚化,使生产主体具有较强的自主性和灵活性。

第二节 开放经济下的产业链空间升级策略

一、全球价值链对产业链升级的双重效应

(一)全球价值链的升级和增长效应

改革开放之后,在经济全球化的背景下,嵌入由跨国公司主导的全球价值链被视为我国企业追求产业升级的重要渠道。中国经济抓住全球价值

链驱动的机遇,发挥劳动力和初级资源充裕的比较优势,通过吸收外国投资与发展加工贸易,将国内资源与国外的资本、市场联系起来,建立起外向型的出口加工产业体系,创造了40年经济高速增长的奇迹。一国或地区参与全球价值链可通过出口、进口以及纯知识技术溢出三种渠道获得技术进步,进而促进经济增长(王俊,2013)。利用全球价值链也可以通过创新、知识扩散和竞争机制等途径推动国际贸易和国际投资,促进产业升级,尤其是中国制造业的蓬勃发展一直得益于全球价值链分工所带来的国际需求与投资驱动。全球价值链借助国际直接投资,促进了同一层次的跟随企业之间的水平知识扩散,以及跟随企业同上游企业间的垂直知识扩散,从而促进企业升级(Holger and Greenaway,2004;Blalock and Gertler,2005;Sutton,2007;Gorodnichenko et al.,2009)。

众多学者从产业和企业两个层面验证了全球价值链分工对技术进步与升级的作用(Gereffi and Lee,2012;刘维林等,2014;Baldwin and Yan,2014;吕越、吕云龙,2016)。全球价值链分工尤其对像中国这样的发展中国家具有产业升级和经济增长效应。苏州和温州是改革开放以来我国发展最快的两个地区。苏州主要是以外资企业为主导通过直接投资的方式嵌入全球价值链,为外资企业做配套,促进了内资企业的设备更新和技术改造,实现了工艺流程升级,并通过与外资企业紧密结合生产与销售环节,加速了产品的更新换代,实现了产品升级。而温州则主要以内资企业为主导,通过为国际品牌制造商和采购商贴牌生产或是合作生产、开发的方式来获取更多的有关产品设计、工艺流程的知识以及渠道资源,并利用许多侨胞在国外经商的有利条件,搭建了较为通畅的国际销售渠道,通过国际贸易方式嵌入全球价值链。苏州和温州正是以两种不同的方式嵌入全球价值链,不同程度地利用了国际直接投资和贸易的机会,才推动了两地的产业升级。总体来看,中国是在参与经济全球化进程和全球价值链分工过程中获益最大的发展中国家之一。

(二)全球价值链的低端锁定效应

在开放经济发展背景下,贸易开放给予了发展中国家融入全球生产网络的机会，这不仅使其发挥了资源禀赋的比较优势，而且，通过贸易和外商直接投资引进的先进技术和管理经验，促进了各国的经济增长。但发展中国家的企业在向价值链高端环节攀升过程中普遍遭到发达国家跨国企业的俘获型"结构封锁"（Schmitz，2004）。即在价值链的全球化整合中，我国的一些企业因承接跨国公司外包出来的某些相对低端的非核心性价值链环节而形成了全球价值链"低环嵌入"的格局（霍春辉、张兴瑞，2016）。

"结构封锁"效应将导致位于全球价值链从属者地位的中国呈现"依赖型"经济的趋势，主要表现在对加工贸易、引进外资、国外原材料和装备进口以及国际大买家的高度依赖，这也正是中国当前经济转型升级正在面临的现实挑战。因为全球价值链的高端环节由发达国家所占据，中国制造的升级正在挑战发达国家在全球价值链中的主导者地位，因此在其向全球价值链的高端环节转型升级过程中将会受到发达国家的极力阻挠和干扰，从而将中国制造业扼制在低端环节。中国纺织服装出口额占全球出口额的1/6，居世界第一位，但中国纺织行业利润率仅为3%～5%，服装行业也仅为5%～8%。中国OEM企业只赚取10%左右的加工费，90%的利润由国外品牌商、渠道商和零售商占据（黄永明、伟伟和聂鸣，2006）。赵秀丽、张成（2010）指出，目前我国多数本地生产性服务企业的服务水平较为低端，仅对部分制造业的升级起到促进作用。

在很长一段时间内，苏州的产业虽然通过融入全球价值链在一定程度上实现了流程升级、产品升级，但在技术转移和扩散方面受到了外资企业的限制，关键材料设计、研制以及高级软件开发都掌握在外方手中，中方参与设计研制的环节有限。虽然形成了高新技术产业蓬勃发展的格局，但很多仍属于高新技术产业的劳动密集型加工制造环节，产业的优势环节决定了其只能获全球价值链上较低的利润。温州虽然在加工制造环节以及市场开发环节上具备一定优势，但企业规模普遍较小，缺乏大规模领导企业的带动，由于多数企业为国外企业贴牌加工，获利微薄，而且缺乏自主品牌，企业很难在设计、销售和管理等方面进行系统化协调。苏州和温州的产业升级至今仍受到全球价值链低端锁定效应的影响。

二、从"嵌链"策略转向"建链"策略

学者也对突破全球价值链"低端锁定"问题提出了建议。刘志彪研究团队（2008，2009，2011，2013）提出通过构建国家价值链（National Value Chain，NVC）来提升在全球价值链中的地位。他们认为，所谓国家价值链，就是本土企业基于本土市场的技术和需求，掌握研发销售的核心环节，通过实现技术创新形成由我国本土企业为主导和控制的国家价值链。通过构建国家价值链可以缩小区域发展的差异，并在区域内构建小规模的国家价值链，在此基础上通过"极化效应"对接其他区域规模较小的国家价值链，最终实现国家价值。贾根良、刘书瀚（2012）指出，中国应依托广阔的本土市场，建立以本土企业为龙头的高端国家价值链。

构建国家价值链的意义在于国内企业从以往被动嵌入由发达国家的跨国公司主导的全球价值链，转变为主动设计和构建立足于本地市场的国内价值链，摆脱跨国公司的低端锁定，自行布局、设计和掌控该价值链的高端和关键环节。大部分学者都认为，在全球价值链的四种升级模式中，发展中国家在加入全球价值链后阻碍了"低端锁定"，只能从事低附加值的生产环节，只能完成产品升级和工艺升级，无法实现功能升级和链条升级。这主要是因为发展中国家的企业很难与发达国家中已处在高附加值环节的企业进行竞争。构建国家价值链是一种全新的升级方式，就是发展中国家的企业在融入全球价值链的同时，可以通过积累学习和模仿经验，逐步发展和培育自身的高级要素，从而拥有可以与发达国家企业进行对抗并实现完整产业链升级的能力和国际竞争力。中国门类齐全的产业结构以及庞大的市场规模为国内企业构建国家价值链奠定了坚实的基础，也为国内产业链的空间升级提供了内生动力。

在当前经济全球化和国际分工体系日益深化的背景下，最为激烈的竞争和发展压力可能还是来自国际环境，国内企业最终都要面对国际竞争的挑战。构建国家价值链只是一种摆脱当前全球价值链困境，寻找突破的阶段性目标和手段。在当前不断扩大对外开放的进程中，增强国际竞争力、

主导全球价值链，实现全球范围的产业链升级才是中国企业应该追求的更高级目标。我国大力推动的中国企业"走出去"发展的本质就是在全球范围内构建自己主导的全球价值链的一种手段。当前，我国企业嵌入的全球价值链大多形成于20世纪的全球快速工业化阶段。我国的工业化进程晚于西方发达国家，20世纪80年代才开始加入全球分工体系，当我国企业参与全球生产时，主要产业部门和产品生产的关键价值链环节已经被发达国家的先进企业所掌控，中国企业自然只能被动选择"嵌链"策略。但经过40年的改革开放，中国经济已经跃居世界第2位，中国企业完全有能力构建由自己主导的全球价值链，与发达国家跨国企业主导的全球价值链协同发展共同组成全球生产网络。

中国企业自主构建全球价值链的可行性在于：

一是中国企业的实力和国际竞争力日益增强，有能力自主构建全球价值链。2018年世界500强中有120家中国公司上榜，就充分说明了中国企业的竞争实力和国际影响力。从实际来看，我国许多企业已经处于世界领先地位，比如华为、大疆等企业，他们完全有能力在全球范围内构建价值链，成为链主，掌控价值链的关键和核心环节。

二是新兴产业和细分行业的发展为中国企业构建全球价值链提供了机会与市场空间。随着经济的发展和分工的深化，智能制造、物联网、移动互联网等新兴产业的蓬勃兴起，发达国家的企业无法掌控所有产业和产品的价值链，尤其是新兴产业。比如在新一代通信技术上，华为的5G技术已经处于世界领先地位。空调行业竞争虽然很激烈，但格力空调一直在走专业化发展的道路，在环保制冷剂替代技术、新型换热器研究、变频控制技术等领域取得了一大批重大科技成果。自主研发的"G10变频引擎"低频控制技术，打破了发达国家对变频空调核心技术的封锁，掌握了空调核心产业环节压缩机的技术壁垒。

三是扩大对外开放战略的支撑，为中国企业构建全球价值链提供了保障。我国正在全力实施以自由贸易试验区和自由贸易港建设为平台的扩大对外开放战略，以推动国际经贸规则重构，为全球治理贡献中国方案。再加上"一带一路"倡议等国际多边合作机制和平台，为中国企业"走出去"发展自行设计和构建全球价值链提供了动力支持。

第三节 案例：跨国热带农业产业链的空间升级

根据前文所述，产业链的跃迁式升级的有效路径就是跨区域空间拓展和组织空间结构提升，而这两者又是紧密相连的。跨区域空间拓展有利于促进产业链组织空间提升，反过来，产业链组织空间提升也会倒逼产业链环节跨区域拓展。但是这种非线性的跃迁式升级需要在外力的作用下使产业链发展的状态从图 4-2 中的 A 点跳到 C 点。当前，我国正在实施扩大对外开放战略，海南由于被中央率先赋予探索中国特色自由贸易港的战略任务，成为我国扩大对外开放的前沿阵地。海南地处热带，热带农业是其支柱和特色产业。本节着重探讨热带农业产业链在对外开放格局中的升级策略。

一、拓展产业链发展的地理空间

我国的热带地区土地相当有限，真正的热带地区只有海南、雷州半岛、西双版纳等几个地区，热带农业产业链上游种植环节在国内拓展产业地域范围的空间并不大。比如，最具代表性的天然橡胶产业，在国内已无扩大种植面积的可利用土地。热带农业产业链的上游种植环节受地域条件的先天限制没有发展空间，而中下游的加工、贸易环节也受制于当地的经济发展水平、市场规模、地区市场化等外部环境因素影响，发展空间始终没有得到拓展。产业发展的地域空间拓展不是一个简单的产业经济问题，还涉及不同地区的政府行为。跨地区甚至跨国的空间拓展需要政府的积极参与和协调，这需要高位的协调和激励机制。"一带一路"倡议为热带农业产业链的空间拓展提供了良好的机遇。

(一)积极融入"一带一路"倡议,跨国拓展热带农业产业链发展空间

"一带一路"倡议是我国政府提出的着眼于区域合作共赢的开放战略,对话与合作的主体主要是"一带一路"沿线国家。很明显,政府是"一带一路"建设的主导力量,属于"政府搭台、市场唱戏"的发展模式,具有很强的综合协调和激励作用。农业是"一带一路"建设的重点领域,"一带一路"半数以上沿线国家适合农业合作,市场空间巨大。推进我国农业国际合作战略,践行"两个市场、两种资源"的农业发展新思路,是"一带一路"倡议的核心内容之一。长期来看,中国政府要在海外打造保障当地、供应中国、平衡全球的农产品基地;而中国企业,则要在此过程中完成全球发展的战略。2015年4月发布的《推动共建丝绸之路经济带和21世纪海上丝绸之路的愿景与行动》提出"拓展相互投资领域,开展农林牧渔业、农机及农产品生产加工等领域深度合作",指出了农业"走出去"的优势领域和投资重点。对于热带农业产业链的空间发展而言,产业链主体应该积极适应"一带一路"倡议的要求,提升自身竞争力,主动融入国际大环境,努力在更大的市场上配置资源,在更大的地域空间内拓展产业链的长度、宽度和厚度,形成天然橡胶产业链跨国竞争力。

首先应该搭建多层次跨国产业链对接平台,打通热带农业产业链融入"一带一路"倡议的渠道。热带地区各省各级商务和农业主管部门要积极组织本省有意愿开展境外农业生产与开发的农业企业开展国内外业务宣讲、国别推介、项目对接和洽谈等活动。利用博鳌亚洲论坛和中非合作圆桌会议两大平台,构建跨国农业产业链参与主体的对话平台,定期举办热带农业交流合作论坛,共同举办农业特色产品推介、农业文化传播等相关热带农业对外交流合作,有计划地组织有意愿、有实力的农业企业赴"一带一路"沿线国家和地区实地考察农业投资的合作项目。可以采取国家级农业产业化龙头企业主导建设、上下游产业中小企业参与的模式,建立热带现代农业国际合作示范区,作为农业企业"走出去"的桥头堡,待条件成熟后争取以热带现代农业国际合作示范区为平台,建立海南自贸区。加

强通过上下游全产业链合作，构建"一带一路"农业产业联盟，打造"一带一路"热带农业跨国产业带和国际农业产业合作集群，拓展产业和贸易发展空间。

第二，积极培育国际大农商，提升对跨国农业产业链的控制力。跨国农业产业链的主体是国际化经营的农业企业。热带地区应该积极响应国家"走出去"发展的战略号召，以国家级、省级农业产业化龙头企业作为重点对象，加快实施"联合、联盟、联营"三联战略，积极培育国际大农商。国际大农商是市场竞争力、国际影响力、资源整合力和资源控制力较强的跨国化经营农业企业。培育国际大农商，有利于充分利用国内国际两种资源和两个市场，提高资源整合和优化配置效率，促进热带农业产业链的转型升级，提升我国热带农业企业对跨国农业产业链的控制力和主导力，增强热带农业产业链融入"一带一路"建设的竞争优势。

第三，采取"集群式"抱团"走出去"发展模式，培育跨国农业产业链竞争优势。相对于国内国际市场而言，我国热带农业企业总体规模偏小，竞争力还不够强，对外直接投资风险承受能力不强，如果采取单打独斗的"走出去"方式，不容易形成国际竞争力和抵御国际市场风险的能力。因此，应鼓励和支持热带农业企业抱团"走出去"，既能代表国内企业在与境外当地政府谈判时扩大话语权，也有利于企业集中管理，有效防范和控制风险。政府应该积极搭建省内或省际农业企业交流平台和对话机制，促进有意愿抱团"走出去"发展的企业采取战略联盟、合并重组等松散型或紧密型方式，形成优势互补的横向集群抱团模式或者产业链上下游关联的纵向集群抱团模式。发挥集群优势，可以创造规模经济，实现企业优势互补，形成跨国产业链综合竞争优势，有效占领"一带一路"沿线市场，也有利于国际大农商的培育和壮大。

通过向东南亚的跨国拓展，热带农业产业链的产业发展空间得到了扩大，为产业链跃迁式升级提供了新的路径，同时在原有产业链的长度、宽度和厚度也因为产业空间的放大自然得到了提高。这种产业链的跃迁式升级主要是通过数量上的外延升级实现的。

（二）充分依托"一带一路"倡议，构建热带农业国家产业链

由于我国热带高效农业尚处于起步阶段，一味融入跨国产业链，有被国际高端环节"俘获"从而陷入"低端锁定"的风险。中国要实现"农业现代化"，成为农业强国，高效热带农业的发展模式应该是重新构造基于内需和现代产业体系为导向的热带农业国家价值链。这不是封闭发展，而是要在融入全球价值链的基础上，重新整合中国热带农业赖以生存和发展的产业关联和循环体系，重新塑造国家价值链的治理结构，重新调整位于不同区域的断裂的或碎片化的热带农产品链之间的产业组织结构，通过扩大内需为热带农业产业链的升级和经济的可持续发展奠定坚实的发展平台。热带农业国家产业链基于国内本土市场对热带农产品的需求发育而成，由本土企业控制产业链的核心环节，在本土市场自主开发新产品，并获得品牌和销售渠道的产业链竞争力，然后进入区域或全球市场的产业链分工体系。如果说热带农业产业链的跨国空间拓展是追求数量的外延式空间扩张的话，那么热带农业国家产业链的整合就是提升质量的集约式空间升级。

在"一带一路"倡议中，我国海南、云南、广东、广西等热带地区都名列其中。因此，在热带农业成为"一带一路"建设的先行支持产业的背景下，我国热带农业产业链的升级方向不仅在于积极"走出去"发展开拓国际市场，也应该有效整合国内热带农业产业链环节，改善组织方式，提高组织效率。首先，热带地区应该积极利用自己在"一带一路"沿线的地理优势，突出自己在"一带一路"沿线产业带的链接中心和平台优势，把自身热带农业产业链环节向国内延伸，寻求对接和整合，充分利用广东、广西、云南等地的热带农业产业链上游资源，也应该发挥"泛珠三角"的市场化优势，利用经贸合作契机，努力把热带农业产业链的中下游环节向国内其他地区延伸和拓展，促进国内热带农业产业链的内涵式升级。其次，热带地区应该以天然橡胶等优势热带农业资源和战略资源为切入点，采取立足国内的原则，建设热带农业资源战略储备体系，并充分发挥国家级国际交流合作平台的积极作用，增强对国内其他热带地区的出海便利性

和资源吸引力，努力提高农业资源安全保障的整体合力和现有自给率水平。第三，还应该以园区和标准化基地建设为抓手，大力改造提升传统农业产业。推动农业与旅游、文化产业深度融合，推动热带农业从数量型农业向数量、质量、效益并重转变，从分散粗放型向集约与适度规模转变，从资源消耗型向生态循环转变，从传统单一型农业向多产业融合转变。努力拓展热带农业产业链的深度、广度和宽度，使热带农业国家产业链与热带农业跨国产业链实现优势互补和有效对接，提升热带地区融入"一带一路"建设的价值和意义，扩大热带农业产业链在"一带一路"中的建设内容和辐射面积，有利于增加热带地区融入"一带一路"建设的竞争优势。

二、扩充产业链的组织空间

"互联网+"通过移动互联网、云计算、大数据等技术手段，具有解决信息不对称、再造生产流程和供求关系、链接分散主体等作用，能够实现生产活动的数字化、智能化、网络化，提高生产效率，重构产业模式。

（一）利用互联网技术打通产业链各环节，促进全产业链发展

传统的产业链存在很多不畅通的地方，发生了断裂，使整条产业链显得较短，典型地表现在加工环节（尤其是深加工）较弱、存在小生产者与大市场间的信息鸿沟、上游环节具有地域特色的产品品牌无法在下游形成市场品牌。"互联网+"正在改造传统产业领域的上中下游产业，已经深入从生产（种植、养殖）、加工到销售的农业产业链的各个环节。互联网技术不仅可以通过数字化、智能化等生产环节的改造提高生产水平，而且可以通过信息反馈、信息监控来管控整个生产经营过程并确保品质。同时运用网络平台创新产品营销，最终将农业产业链的各个环节打通，形成完备的全产业链，这也是现代农业的发展方向。第一，通过互联网，不仅可以实现本地农产品信息的传播和推广，还能够使本地产业链环节与其他地区产业链环节的企业主体实现信息沟通和经贸对接。这样就可以通过完整的

互联网基础设施，用其他区域成熟的热带农业产业链环节弥补本地贫乏或空缺的产业链环节，使碎片化的产业链得以有效整合。比如，如果利用"互联网+"，海南的槟榔种植与湖南的槟榔加工等产业链环节就能够得到高效整合，促进槟榔产业链的延伸和完整性。第二，可以通过互联网、物联网、网络视频以及云计算等技术的支持建立热带农产品信息可追溯系统，尤其是对文昌鸡、加积鸭等养殖业的知名农产品实行严格的质量及卫生控制措施，再加上质检等权威机构的合作，解决农产品质量安全和信誉问题。通过信息可追溯系统将产业链下游的销售环节与上游的种养殖环节有效连接起来，消费者可以完全自主地了解所消费产品的完整生产流程和相关质检报告，从而能够放心享用可追溯的安全食品。这样也有利于农产品品牌的传播，提高农产品的品牌附加值以及品牌的美誉度和忠诚度。第三，互联网尤其是移动互联网可以通过电商平台和公共信息服务平台，便利地把分散的农户聚集起来使之与大市场对接，实现信息的发布、获取、传递，使产业链最源头的农户与中间的生产商、生产资料经销商、农产品贸易商，甚至与产业链尾端的消费者实现信息互联互通，形成闭环全产业链。农村种养行业的经营者，通过互联网获得物美价廉的生产资料，又把自己的产品通过互联网推向市场销售出去，扩展增收致富的渠道。

（二）利用互联网的跨界融合功能发挥范围经济，增加热带农业产业链宽度

产业链的宽度主要体现在每个产业链环节的业务多样性，即范围经济。传统农业的经营规模都较小，信息传递渠道窄，农业产业链效率低，不利于范围经济的发挥。发展到现代农业阶段，农业发展有了一定的基础，生产技术也相对成熟，企业达到一定规模就可以进行业务的多元化发展，增加农业产业链的宽度，促进范围经济的发挥，从而降低平均成本。"互联网+"是开放、可延伸、可拓展的，代表着跨行业的综合竞争越来越多，打破原有市场格局的成功概率越来越大，热带农业产业链环节也逐渐从单一领域扩展为跨界融合，增加热带农业产业链的宽度。

从上游来看，用互联网改造传统种植供应链，可以通过 C2B（消费者需求—商家响应）的预售定制，开展互联网私人订制农场的种植模式和团购模式，从而满足一部分消费者的私人订制需求。利用互联网技术改造农产品种植基地，探索通过互联网将农产品的生产环节展示给消费者，可让消费者足不出户就能通过手机、电脑等智能设备实时监控养殖过程，即时下单预定。互联网还可以为种植者们搭建一个广阔的交流平台，不同地区的种植者们可以通过互联网相互交流种植的经验，提升自身的生产技术。另外，在农业生产中应用物联网技术，可以通过各种无线传感器实时采集农业生产现场的光照、温度、湿度等参数及农产品生长状况等信息，再将采集的参数信息汇总整合，最后通过智能系统进行定时、定量、定位处理，及时精确地遥控指定农业设备的开启或是关闭，实施智能节水灌溉、测土配方施肥、农机定位耕种等精准化和标准化作业。通过在上游种植环节引入订制、预定、社交、精细化和智能化作业等环节，发挥范围经济效应，降低上游平均成本。

从农业产业链中游来看，例如生鲜、蔬菜都是易损耗的产品，经过冷冻后往往会损耗 20% 以上。借助"互联网+"的数据采集手段，就会知道订单在哪里，订单有多少，可以根据需求进行保鲜时间的把握，也可以对包装进行更有针对性的处理。还可以对互联网所采集到的用户信息进行多样化的订制加工，充分满足不同消费者的多样性需求。

在农业产业链下游环节，农产品保鲜时间短、物流数量多、物流难度大等因素决定了它的销售需要时效性和及时性来保障。利用互联网的数据采集和信息推广功能，探索农畜产品点对点精准化营销、全生产过程展示营销、绿色食品网上超市营销、种植环境的远距离视频体验式营销等多种互联网营销新模式，把高品质产品卖出好价，既解决供需双方信息的不对称，又能打响农产品品牌，使农产品种植者能在最适当的时候找到买家，而买家也能在他最需要商品的时候找到合适的货源。让消费者与农场的销售直接对接，一方面使营销渠道扁平化，降低了中间环节的费用，另一方面通过社群化实现了生产和销售的打通。

总之，通过数据化、信息化、智能化、精准化等技术手段工具，"互联网+"在上游的生产、中游的加工、下游的销售，都可以有效提供增加产业链环节的业务内容和商业模式，提升产业链环节的宽度。

（三）利用互联网的聚集功能增加产业链规模经济，提升产业链厚度

我国热带地区总面积较小，从全国范围来看热带农业只能称得上规模较小的特色产业，产业链的厚度相对于大宗农产品的产业链来说显得较为单薄，规模经济不突出，农业的现代化势必要求农业向适度规模化、集约化、标准化方向发展。互联网有利于为农产品生产企业打开销路，扩大市场，提高品牌知名度，能够促进企业规模扩大，从而提升产业链相关环节的厚度。在产业链上游，互联网能够通过农业网络平台实现农户的聚集，为促进农业生产经营主体向适度规模化、集约化和标准化的家庭农牧场、企业和合作组织方向的发展搭建桥梁。互联网更可以打破地域限制，通过农产品电商聚集大量的消费者和销售商，提升热带农业产业链下游环节的厚度。

第七章

基于产业链空间升级的陆海统筹

陆海统筹发展模式以海洋产业与陆域产业的相关性为依据，通过协调海洋资源开发与陆域资源的开发，从而促进海洋产业与陆域产业的联动、协调发展，是一种陆海整体协调发展的战略思想和指导原则。陆域产业和海洋产业是不同地域范围的经济活动，而且具有很强的经济技术关联关系，陆海统筹发展本质上是陆海产业链空间升级的过程。

第一节 陆域产业与海洋产业的空间关联

一、陆域产业与海洋产业具有较强的产业关联性

与陆地一样，海洋既是地球表面的重要组成部分，也是人类活动的重要空间。因此，海洋与陆地之间既因为自然界的联系存在着广泛的物质、能量交换关系和生态统一性，同时也由于人类的生产活动而存在着密切的经济、社会关联。在陆域资源压力及科技因素的驱动下，一些较为成熟的陆域产业逐步向海洋延伸，使昔日难以进行的深度海洋开发成为现实，陆域产业与海洋产业之间的联系日益密切。从产业结构划分来看，陆域经济

的第一、第二、第三产业在海洋经济领域都有对应的产业形态，体现出了较强的关联性（如表7-1所示）。

表7-1　部分陆域产业与海洋产业对应关系

	陆域产业	对应的海洋产业与经济活动
第一产业	农业	海水灌溉农业、海洋植物种植
	牧业	海水养殖
	渔业	海洋捕捞、海洋渔业
第二产业	矿产采掘业	海洋采砂、采矿
	制造业	海洋设备制造
	化工业	海洋化工
	电力工业	海洋电子
	石油天然气业	海洋油气开发
	食品加工业	海洋食品加工
	建筑业	海洋工程建筑
第三产业	交通运输业	海洋运输
	邮电通信业	海底电缆
	商业、餐饮业	海上服务
	地质勘探业	海洋地质勘探、测绘
	旅游业	海洋旅游
	卫生、体育和社会福利业	海上运动、潜水

从表7-1可以看出，海洋产业与陆域产业之间具有很强的资源互补性、产业互动性和经济关联性，大多数的陆域产业都可以把经济活动延伸到海洋经济领域，通过对海洋资源的开发与利用，形成对应的海洋经济活动和海洋产业形态。海洋经济的每一个产业形态的形成与发展，既依托于陆地相关产业的发展基础，同时又能拓宽陆地相关产业的发展空间。从经济关联性的角度看，海洋产业发展的本质是陆域经济系统与海洋资源在海洋地理环境下的组合，这种组合既包括陆域生产力及产业组织向海洋的空

间延伸，也包括海洋生产要素对陆域产业的资源能量的补充和经济价值回报。由此可见，海洋产业与陆域产业是一个整体，有密切的联系，具有相互作用的必然性。海洋产业发展必须坚持陆海统筹，使海洋产业和陆域产业优势互补、互相依托、互相促进。

二、陆域产业和海洋产业需要联动发展

由于资源互补性和经济关联性，海洋经济的发展必然要以沿海陆域为基础。海洋开发不仅需要陆域配套设施和相关产业的发展，而且海洋资源开发后的利用也必须以沿海陆域为落脚点，借助陆域产业实现经济价值，比如海洋捕捞、海水养殖、海洋油气和矿产开采、海上运输等海洋经济活动在海域完成原料获取、货物运输等一些生产环节。但需要把这些产品和服务传递给后续生产者或消费者才能实现经济价值，这些后续产业活动只能在沿海陆地完成，特别是海洋第二产业对陆域空间的依赖更为突出。因此，要实现陆海统筹，最主要的是处理好陆海两个系统之间的关联性，疏通两者之间的资源交换通道，为实现两者之间的优势资源互补创造条件。这也要求海洋与陆地通过产业联动，充分发挥各自的优势，实现资源的最优配置。海陆产业联动则是资金、货物、人力在海陆产业间的传导与扩散。海陆联动发展强调海陆产业之间相互延伸、相互带动的发展方式，最终实现海陆产业共同发展。因此，海陆产业联动发展是海陆统筹发展的必然选择。

海陆产业联动主要包括两个方面：一方面，陆域产业为相关海洋产业提供技术条件与人力、物资支撑，推动海洋资源开发，或陆域产业把活动空间延伸到海域，比如把滨海沙滩旅游活动延伸到近海的海上运动和潜水等，带动和促进海洋产业发展；另一方面，海洋开发的资源和初级产品需要通过陆域产业进行再生产和深加工，才能发挥其经济效应，提升产品附加值。比如，海洋的油气开发只有通过陆地石油天然气加工业才能产生经济价值，海洋捕捞的水产品通过陆地食品加工业可以提高附加值。由此可见，很多海洋产业与陆域产业之间表现出了明显的产业前后向关联，可以

形成长而复杂的产业链。比如海洋生物医药产业链、海水综合利用产业链、海洋油气开发产业链等，都可以实现海洋产业的跃迁式升级，有效地推动海陆产业联动发展。

随着海洋开发的深入，海洋与陆地之间的产业关联度进一步增强，通过产业链整合，即把海洋和陆地的资源、资金、劳动力、技术等要素有机整合起来，实现生产要素在海洋与陆地整个经济系统的优化配置，促进海陆产业合理布局，是推进陆海统筹发展的有效途径。产业链视角下的海陆统筹主要是指海陆产业之间在海陆资源、产品、中间品、信息、科技、服务、规划等方面的互补互动和关联，最终形成完整的海陆产业链条，实现区域海陆经济的共同发展。

第二节　陆海统筹发展的困境

一、空间组织中的结构洞

结构洞理论是美国社会学家罗纳德·博特1992年在《结构洞：竞争的社会结构》一书中提出的。所谓"结构洞"指的是社会网络中由于部分个体与某些个体发生直接联系，而与其他个体无直接关系或关系间断，从网络整体看好像网络结构中出现了洞穴（空隙）（如图7-1所示）。在由四个主体构成的网络中，B、C、D之间没有直接联系，是通过A进行间接联系的，那么A就占据了B、C、D之间任意两个主体联结的结构洞。结构洞是一种非重复的联系间的断开，是两个主体之间的非冗余性关系，占据结构洞的行为者拥有信息收益和控制收益。结构洞具有弱联系、自主性、开放性等特征，结构洞中的个体或组织可以通过结构洞位置形成新联结，使网络的整体价值得到提升，而占据结构洞的个人或者组织利用改变网络结构及信息传播的参与和控制，获取了更多的资源和更大的竞争优势。

第七章 基于产业链空间升级的陆海统筹

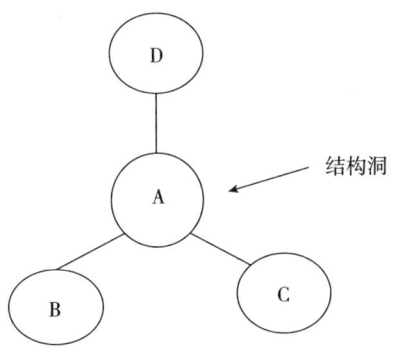

图 7-1 结构洞

产业链是一个包含纵向的链状形态和横向形态的链式网络，链上的企业根据生产流程和价值分布进行分工合作，处于关键环节的核心企业将产业链上各个环节的企业连接成一体，实现对关键要素和资源的控制与共享，这与结构洞的内涵是类似的，可以运用结构洞对产业链整合现象进行分析。

二、我国陆海统筹发展的结构洞困境

当前，我国沿海地区经济发展实践中，陆海统筹更多地停留在发展原则和规划上，"重陆轻海"的思想仍然普遍存在，沿海地区陆海统筹度仍然偏低。从结构洞角度看，我国陆海统筹发展实践中陆海产业网络系统存在较为严重的结构洞困境。

（一）陆海产业网络结构洞位置不够丰裕

实证研究表明，丰富的结构洞对于经济主体的绩效具有正效应。图 7-1 中，B、C、D 互相之间不直接联系，而通过 A 相连，A 就占据了 3 个结构洞：B-C、B-D、C-D，从而可以通过这种战略结构位置来获取优势。从陆域经济和海域经济两大系统来看，陆海产业的空间载体是海岸带地区。海洋产业为陆域产业提供资源，陆域产业为海洋产业提供资金和技术，在海岸带地区合作共生，通过土地使用、资源供给、资金流动、技术扩散、产业政策倾斜、环境约束等形成相互耦合的产业网络，能生成丰裕的结构洞，促进陆海产业网络效率的提升，提高陆海统筹发展的协调度。

但总体而言，除个别地区陆海经济耦合度较高（比如上海、天津）之外，我国沿海地区海洋经济与陆域经济的合作主要是建立在海洋资源的开发利用方面，以科学技术为动力的陆海经济合作较少，属于较低程度的耦合。我国环渤海的17个城市中只有天津和大连属于陆海统筹中级协调类型，但仍然是陆域主导的。而其他城市的陆海统筹协调度都没有超过0.7，属于初级或勉强协调型。陆海经济耦合度低使陆海产业网络的生产效率受到限制。韩增林等（2017）利用GML指数测度了2003~2013年沿海地带11个省市在考虑非期望产出情况下海洋、陆域以及陆海综合的全要素生产增长率，发现2003~2013年沿海省市全要素生产增长率效率值大多数小于1，处于无效率状态。这主要是由于陆域产业和海域产业两个生产系统依赖于资源、资本的粗放型联结，缺乏技术、创新的推动以及行为个体的交流和互动。结构洞主要是行为个体之间的联结关系，对信息传递和知识交流产生作用。依赖于资源和资本联结的陆海产业缺乏通过行为主体互动形成的社会网络，两大产业系统相互连接生成的结构洞不够丰裕，制约了产业网络效率的提高。

目前，我国大多数地区现有的海洋产业以传统海洋渔业为主，如图7-2所示，表现为海洋种养殖（A_1）—海洋捕捞（A_2）—陆域销售（A_3）的简单链条。产业链主体尚未连接成网络，每个主体只占据一个结构洞位置，发挥不了信息和控制优势，对海洋资源的利用深度不足，与陆域经济系统进行耦合的迂回生产较少，加工程度低，技术附加值低，资源优势尚未有效转化为产品优势和经济优势。如图7-2所示，在海洋水产品产业中，水产品加工（A_4）处于结构洞位置，它联结了海洋资源开发和陆域产品生产两大系统，产业链环节A_2和A_4就能够占据更多的结构洞位置，可以通过生产出品种丰富的加工产品（A_5、A_6）提升产业网络价值。如果水产品加工环节没有占据这个结构洞位置，陆海产业就不能形成完整的产业网络。

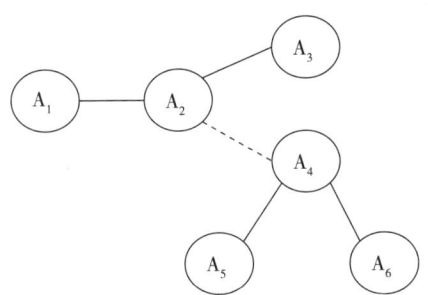

图 7-2 海洋产业链的结构洞

(二) 临港产业区的结构洞属性较弱

海洋资源利用开发和陆海产业系统耦合的空间载体是海岸带地区，而海岸带经济活动主要依托港口进行，形成临港产业区，是陆海产业系统的行为主体互动和集聚之地，在陆海产业网络中占据结构洞位置。在陆海统筹发展模型下，临港产业区会与中心城市产生强烈的区域经济关联，深度融入本地生产网络，发展成为卫星城或新城区。比较有代表性的如法国图卢兹的机械谷（Mechanic Valley）、加拿大魁北克的博斯（Beauce）、天津滨海新区、上海临港新城等。如图 7-3 所示，临港产业区（B_0）不仅占据海洋生产系统的结构洞位置（B_1-B_2、B_1-B_3、B_2-B_3），而且在陆海产业网络系统中也占据结构洞位置，通过生活消费品（C_1）和生活性服务业（C_2）与中心城市的经济系统（C_3）形成良性的互补和互动，从而构建"多轴、多层、多核"的城市空间结构。所以临港产业区处于海洋经济（B）和陆海统筹（BC）两个结构洞位置上，获取竞争优势的潜力很大。

但从现实来看，国内大多数临港产业区以油气、石化、航运、大型设备制造等重化工产业为主，主要是为海洋资源开发和海洋产业发展提供场所，临港产业区的产业结构缺乏生活消费品（C_1）和生活性服务业（C_2），与城市经济的关联性大大低于内陆开发区之间的关联性。也就是说，临港产业区并没有实际占据陆海经济系统（BC）的结构洞位置。上海是陆海耦合协调发展程度最高的地区，是我国海陆产业系统耦合协调发展的先行建设区。即便如此,上海临港产业区与各开发区间的经济联系强度远低于其他开发区之间的经济联系强度,临港产业区区域经济隶属度的范围集中在0.12%~0.48%,在各开发区间的经济联系强度值中,所占比重仅高于崇明工业园区。主要有以下三个方面的原因:一是临港产业区大多离中心城市距离较远,根据距离衰减规律,其与城市经济的联系强度自然要低于距离较近的产业区;二是临港产业区多数属于资本密集型的重工业,原料和市场均不在本地,与本地产业关联较少,典型如海南洋浦经济开发区;三是临港产业区服务业发展较为缓慢,对本地居民就业的依赖性较弱,产城融合度低。临港产业与对本地生产网络的融入度低,并没有占据陆海统筹经济网络的结构洞位置,使陆海整体产业网络的价值提升面临巨大瓶颈。

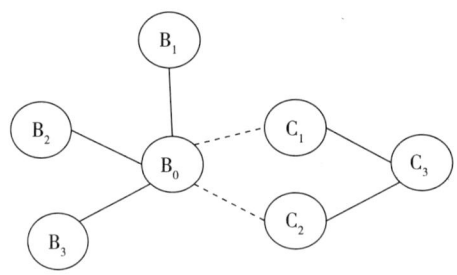

图 7-3　临港产业区的结构洞

第三节　陆海产业链整合路径研究

一、产业链整合与结构洞

产业链整合就是产业链的节点企业通过企业间互相合作,形成利益共享、风险共担的协同运作的网络整体。产业链整合是实现资源利用从无序到有序，产业链运行从低效率到高效率的重要途径。参与整合的企业之间必然存在关于最终产品生产的技术关联性，技术是知识的外在表现，不同产业链环节的技术关联必然引致各环节之间的知识流动。因此，企业之间的知识流动是产业链整合的重要驱动因素。陆海产业链整合就是陆域产业和海洋产业不同企业之间纵向一体化或战略联盟的形成过程，必然涉及兼并重组等资本运作，企业需要大量的资金作为产业链整合的基本条件。因此，资本也是促进产业链整合的重要因素。如图7-4的产业链整合模型所示，产业链整合的关键节点是产业链上的核心企业，核心企业主要生产中间产品或终端产品，这是一条产业链为市场提供产品、创造价值的主要渠道和载体，其他节点企业和依附于产业链、为产业链整合提供辅助配套服务的相关企业则帮助产业链打破资源约束、拓宽发展空间，成为产业链整合的有效补充。

以资源禀赋为基础，通过资本、知识的内在联系，产业链通过纵向整合将节点企业由点连成线，实现产业链的纵向深度拓展；通过横向整合，将产业链由线延展成面，实现了产业链的横向宽度的拓展。纵向整合与横向整合的交错进行将产业链编织成网，扩大了产业链的广度，从而形成了产业链之间相互交错的复杂结构和状况。如图7-4所示，核心企业占据了产业链网络结构的结构洞位置，扮演着"桥"的作用，将无直接联系的产品、资本、知识等联结起来，使各企业和要素形成具有弱联系的网络结构关系，能够使各主体彼此拥有的信息相互重叠和有效传递，共同拓展产业链的完整性、延伸力及耦合度。同时在网络结构中处于结构洞位置的核心企业拥有了信息优势和控制优势，自主性较强，能够利用在网络中的谈判力和控制力来降低各项交易费用。比如，如果处于结构洞位置的是下游企业，则在原材料供应环节，结构洞企业能够利用自身的网络控制位置压低采购成本和采购时间，加快原材料的周转速度。而在销售环节，结构洞网络位置使企业在销售市场的谈判力增加，从而可以增加销售量、提高销售收入。自由平等的市场交易维持了产业链网络结构的开放性，占据越多结构洞的主体能够获得更多的社会资本，就会积极主动地寻找或者制造更多的结构洞，为节点企业追求生产资源、寻找产业链合作伙伴。尤其是占据某一网络结构边缘的行为者,不仅可将自己的目光放在这一网络结构中,还可以将目光扩展到这一网络结构外,根据自身的竞争战略目标,考虑是否发展更多的结构洞。因此,从整体上来看,基于结构洞的产业链网络的开放性特征还能够获得跨结构洞利益。

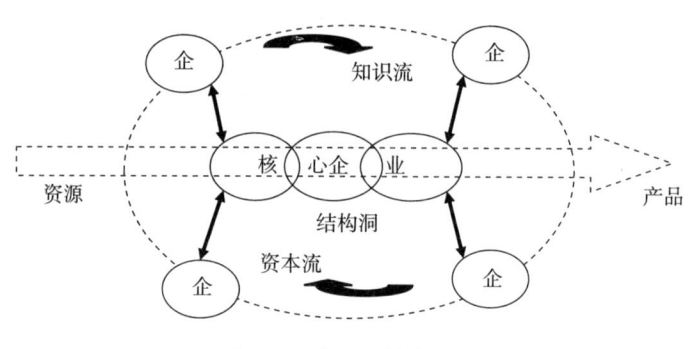

图 7-4　产业链整合模型

二、陆海产业链的整合路径

从产业链的整合模型可以看出,高效运行的产业链本质上不是单纯的链状形态,而是一个包含了纵向、横向的网络结构组织。产业链前、后向关联的核心企业代表产业链的纵向关系,提供配套服务的相关企业代表着产业链的横向关系。产业链的企业间存在产品、价值、知识的流动,产业链整合可以改变企业网络结构,使企业之间生成甚至跨越结构洞,形成一个高效的企业网络。通过信息传递、知识共享,促进产业上下游在价格、产量、策略等方面实现纵向协同,形成系统化的生产和知识体系,并可以通过 Jacob 外部性(多样性经济)产生收益递增,推进产业链的协同创新并产生动态竞争优势。结构洞位置越多,产业链的关联环节越多,多样性越强,企业在产业链中的控制力也越强,企业网络联结的效率越高,其在产业链中的实际利益分配也越大。因此,从结构洞视角来看,陆海产业链的整合路径首先要通过核心企业耦合创造更多结构洞位置,为陆海产业链网络的形成和价值提升奠定基础。其次,要增强处于结构洞位置的经济主体的连接和服务能力,并通过结构洞位置发挥信息传递能力和控制力,促使价值链和知识链的内生拓展,提高产业链运行效率和竞争力。

1. 通过核心节点耦合生成陆海产业链结构洞

如前所述,我国陆海统筹发展面临着产业链网络结构洞缺失的困境(无结构洞或结构洞位置主体较弱)。在陆海分割情况下,海洋生产活动呈分散化状态,活动空间有限,生产迂回程度低,海域初级原料产品直接面向市场,没有与陆域产业进行耦合产生结构洞或者结构洞位置稀少,很难形成产业链网络结构。因此,可以利用陆海产业之间的经济技术关联性,通过产业链的纵向拓展把主要在资源流动主渠道上的核心企业或分散的产业链片段连接起来成为一个供应链战略联盟,增加生产的迂回程度,延长产业链。把海洋的生产活动耦合到处于产业链关键节点的核心企业上,就能够占据产品生产环节的结构洞位置,提高产业链环节的完整性,产生产业链间的协同效应和范围经济。通过结构洞位置联结起来的企业就有机会获取不同类型的知识并从中搜寻自己所需要的,形成信息及技术优势,更有效地进行创新,并使新技术迅速淘汰未发育成熟的产业环节。通过技术扩散确立一种新的产业标准,推动产业链不断更替和升级,形成企业的核心竞争优势,增强产业链控制力,提升产业链的资源加工深度和价值增值。

海洋捕捞和海水养殖、水产品加工以及产品销售等环节分别属于海洋第一产业、陆域第二产业、陆域第三产业。在陆海分割的情况下,海洋产业链的环节一般是"海洋捕捞和养殖—水产品销售",产品只有原始初级形态一种,而陆域产业链环节一般是"原材料—加工—销售",产品经过了物理形态的改变,表现出了多种中间产品形态,容易形成产品网络。在海洋和陆域产业链分散化运行的情况下,海洋产业链和陆域产业链都相对较短,尤其是海洋产业链的迂回环节更少,海洋环节没有占据结构洞,无法利用陆域丰富的产业体系和生产系统的技术和信息,也无法形成产业链价值控制和动态竞争优势。在这种情形下,陆域产业链环节占据结构洞位置较少,每个环节的资源和产品也都要通过市场交易途径来获取或实现,在交易费用的制约下,效率和价值的实现必然受到损失,阻碍了产业链价值的提升。

根据陆海产业的经济技术关联性和陆海统筹发展框架，联结海洋生产的港口和联结陆域产业的海洋产品加工环节是陆海产业链的核心节点，占据结构洞位置。通过港口和海洋水产品加工节点的耦合，就可以把海洋第一产业与陆域第二、第三产业连接起来，使海洋资源能够"上岸"寻求资源的进一步利用，这样既可以发展"海洋养殖—海洋水产品深加工—食品销售"产业链，也可以发展"海洋捕捞—生物医药提取—医药加工—药品销售"产业链，使陆海产业链主渠道由间断变为连续和网络化，结构洞位置也更加丰富，有效地提高产业资源利用效率，节约市场交易费用，提升产业链价值（如图7-5所示）。

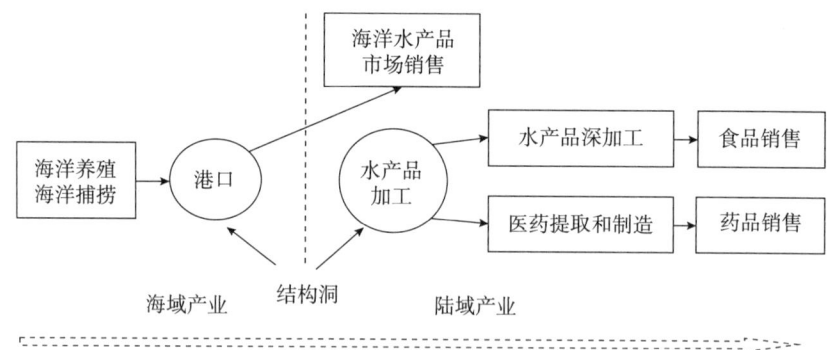

图 7-5　海域第一产业与陆域产业核心节点耦合

海洋养殖和海洋捕捞之所以能与陆地的水产品加工及生物医药产业链整合，是因为海洋渔业与陆地加工业的整合是优势互补的需要。海洋水产品营养价值高、味鲜肉美，具有极高的食用价值，但海洋水产品又容易腐败变质，不易长期保存。而渔业加工业则能通过冷藏、脱水、真空处理等技术方法使水产品能够满足长期保存、长途运输的要求。海洋养殖和海洋捕捞能为这些陆域产业提供原材料资源，而陆域产业的工艺技术能向海洋水产品资源的更细更深的方向渗透，开发高附加值产品。

2. 通过结构洞的价值整合提升陆海产业链网络价值

通过产业链核心企业耦合创造出结构洞，更多的是基于产品整合对产业链进行的纵向拓展,每个核心企业都是一个中间产品的生产环节,企业之间的协作主要是基于产品生产的供需关系。这样虽然能在海洋产业和陆域生产系统之间创造出结构洞,但是仅仅通过产业链纵向拓展生成的结构洞路径较少,产业链网络的结构洞属性不够强。

产业链的竞争力来源于创造顾客价值的能力。围绕中间产品的生产,每个节点企业都有很多相关的配套企业为中间产品的生产服务,这些企业之间的关系主要体现为横向关系。纵向关系和横向关系共同构成了产业链的价值创造环节。通过结构洞的价值整合,产业链就形成了一个价值网络,企业之间的协作不仅是产品生产的协作,产品生产效率的提高,更是价值创造的协作,产业价值链的整合。因此,产业链的价值创造必须使处于结构洞位置的主体联结更多的产业链环节,增强其结构洞属性和产业链控制力,尽可能整合更多的价值创造环节,才可以最有效率地创造顾客价值,最大化产业链利润。

陆域产业和海洋产业两个经济系统的结构洞位置是临港产业区(如图7-6所示),但目前我国临港产业区普遍结构洞属性弱,经济联系功能和价值创造较为单一,不利于陆海统筹发展。陆海统筹协调高的临港产业区既要联结海洋产业链的生产环节,还要联结陆域企业的生产以及就业人口的生活服务等更多经济环节,这样临港产业区才能提高结构洞属性,创造更多的结构洞路径,更有利于陆海产业链网络的价值创造,促进陆海统筹发展。

如图7-6所示,临港产业区是以港口为平台,集聚人、财、物等各种生产要素,可以实现运输、初加工、深加工、销售、市场服务等一体化生产的产业价值网络,有利于加强海洋产业与陆域产业链节点企业之间的横向关联和纵向关联。通过价值创造环节的无缝衔接,促进海洋资源就近进行陆域生产和产业附加值提升,通过集聚经济效应实现更大的价值创造之后再进入市场。在临港海洋产业链整合中,表面上是海洋资源的运输、加工、销售等生产活动的衔接,但其本质是海洋产业链的价值整合。在这个过程中,生产要素在各环节之间自由顺畅的迁移是推动海洋产业价值网络形成的重要因素,而这又依赖完善港口、配套交通、通信等基础设施,并提升产业链网络的服务能力，从而降低要素流动的运输成本和交易成本。在基于产品整合的线性拓展模式中，港口仅仅起到连接陆海产业的纽带作用，是产业链中的一个节点和生产要素流动的通道，价值增值有限，而在基于价值整合的网络化拓展模式中，临港产业区才是陆海产业链网络的结构洞，是生产要素的集聚平台和产业资源的生产空间，能够实现更大的价值增值。由于网络密度对企业管理创新具有显著的正向影响，因此临港产业区不能仅限于利用海洋资源发展加工和生产，要想获得更大的价值创造空间，实现更高程度的陆海统筹发展，必须增强与城市经济的联系，发展生产性和生活性服务业、商业等城市经济要素，走产城融合的发展路径，增加经济网络的密度，获得更加丰富的结构洞，促进产业链网络的创新。创新水平是企业控制产业链并形成链优势的核心变量。没有发达和繁荣的临港产业经济，就很难实现真正的陆海统筹发展。

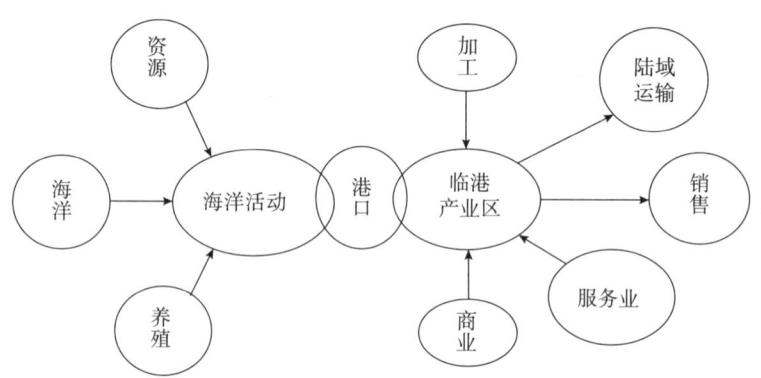

图 7-6　临港产业区的结构洞属性及价值整合

3. 整合知识提升陆海产业链协同度，获取跨结构洞收益

通过结构洞实现产品和价值的产业链整合都是产业链组织形态的整合。简单的组织结构整合和产业链环节对接并不一定能发挥出产业链的最大功用。从产业链的主体分工和组织结构来看，产业链各个组成环节是具有不同知识（技术）特征和功能价值的生产模块，它们是单独的生产子系统，可以独立发展。在各生产模块单独运行的情况下，知识分工会带来协调成本的增加，而且知识分工通常具有正外部性，会导致知识供给不足的

问题。因此为了实现产业链的产品整合和价值创造，由知识分工而产生的产业链各环节必须进行协作。人体手足的协调依赖于大脑的信息传递，没有统一的信息指令，手足无法完成整体动作。与此类似，产业链上主体的协作也依赖于产业链整体的信息传递和知识共享。

在产业链网络中，由于结构洞的弱联系，企业之间产生非冗余联系，可以获得更多的异质知识。在产业链形态整合情形下，企业的知识流动由内部扩展到企业组织之间，知识的共享、整合和转化开始在产业链层面上发生。产业链的整合可以通过增强知识共享、协调分工来减少交易成本或组织成本，将知识流动的正外部性通过结构洞内部化，提高产业链网络节点的协同程度和控制力，使产业链网络获得报酬递增。但这里的知识更多是指显性知识，还有一种隐性知识，难以通过市场交易获得。虽然结构洞的弱联系特征使产业网络中的企业搜索到丰富的异质知识，同时有助于显性知识和隐性知识的搜索，但只有经过知识整合，使产业链网络构成紧密联系的强联系状态才能使企业搜索到异于自身、针对性较强的隐性知识，提高产业链网络的协同度，增强各主体的合作意愿，并通过结构洞的开放性使处于网络边缘的企业获得外在的机会，接触更多的异质性知识，获得跨结构洞收益。

从当前国内外发展形势来看，海洋资源开发与海洋经济发展必须以海洋科技为主导，陆海统筹越来越依赖高科技成果。在海洋水产品加工产业链中，通过知识（信息或技术）整合，水产品加工企业和海洋水产品捕捞和养殖企业以及渔民都能够共享最终产品的市场信息。销售商的销售消息会直接传递到生产企业，生产企业会根据变动的市场需求确定生产计划，补货或者调整产品结构，也能够迅速制订出原料采购计划。而通过知识共享，从事海洋渔业生产的企业或渔民也能获取到生产企业的实时信息，及时供货。海洋的生产环节和陆域的生产环节通过知识共享实现了无缝对接，提高了海洋水产品生产的效率，也降低了海洋水产品的价值损失。基于知识整合的滨海旅游产业链（如图7-7所示），可以使游客在出发前就把需求信息通过信息平台直接传递到旅行社，旅游服务机构就会根据游客需求信息为游客提前做出安排，包括提供路线图、确认出行方式、预订交通工具、预订酒店和餐饮、预约其他景点和娱乐项目等。借助信息平台的帮助，整条产业链可以共享游客的个性化需求信息，为旅客提供各环节无缝对接的便捷旅游服务，避免游客在旅游过程中出现时间延误和"长鞭效应"的系统偏差。同时，游客也能随时获取各方面的旅游信息，灵活安排或调整自己的旅游计划，享受信息通畅的个性化服务。这样滨海旅游产业链就通过知识链的内生拓展跨越了旅游服务机构这个结构洞，提升了整个产业链网络的协同度，产生了更高的服务价值。

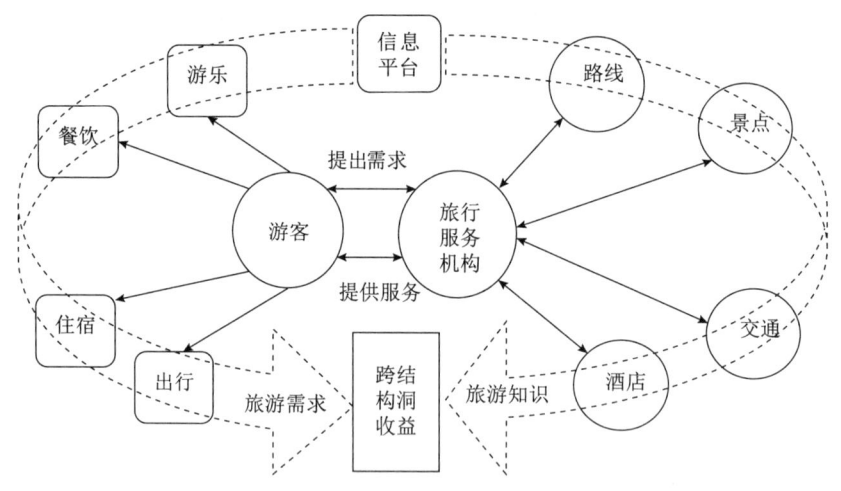

图 7-7 滨海旅游产业链的知识（信息）整合及跨越结构洞

海洋产业在发展过程中不可避免地要与陆域产业发生经济技术关联，因此，陆海统筹是海洋资源开发与海洋经济发展的必然选择。海洋产业与陆域产业之间既有依赖于投入产出关系的纵向关联，也有依赖于要素共存共有的横向关联。把纵向和横向关联的海洋产业和陆域产业连接成一个完整的战略联盟，就会形成陆海交汇的整合型产业链，有利于提高海洋资源利用效率，拓展产品和服务的价值创造空间。从产业链的结构洞来看，陆海产业链整合路径主要有：一是通过核心节点耦合创造陆海产业链结构洞，主要方式是基于产品整合进行陆海产业链纵向拓展，生成结构洞位置；二是在结构洞位置进行价值整合，提高主体的结构洞属性，增加产业网络密度，提升陆海产业链网络价值；三是在产业链网络中进行知识整合，提升陆海产业链协同度，获取跨结构洞收益。

因此，为了促进陆海产业链整合，一是要建立一批以海洋工程装备、海水综合利用、海洋微生物资源开发利用、海洋生物医药等海洋产业关键技术为支撑的海洋科技协同创新平台和海洋科技的产学研平台，促进海洋科技的成果转化，以多学科融合和高新技术的开发与应用，加强陆海产业链节点的连接，推动陆海产业链整合；二是加快陆海连接的港口、交通、供电、供水、通信等基础设施的建设，充分保障陆海两大产业系统间的要素流动，推进临港产业区产城融合发展；三是借助"互联网+"平台和大数据、云计算等前沿技术，建立有利于知识共享和信息流动的技术支撑平台，促进不同陆海产业链环节的协同，减少系统偏差；四是设立海洋产业投资基金，为陆海产业链整合提供融资渠道，以资本为纽带，推动陆海产业链整合；五是通过举办海洋产业博览会、海洋科技论坛等活动搭建海洋生产企业和陆地生产企业的合作交流对话平台，促进海洋和陆域两大产业系统的知识流动和知识共享；六是加强跨部门、跨区域的陆海统筹综合管理部门，统筹考虑政治权利、经济利益、生态保护、军事活动等因素的影响，尽力排除产业发展的非经济因素干扰，为陆海产业链的高效整合创造稳定的外部环境。

参考文献

[1] Amiti, M. Location of Vertically Linked Industries: Agglomeration Verse Comparative Advantage [J]. European Economic Review, 2005, 49 (4): 809-832.

[2] Antràs, P. Firms, Contracts, and Trade Structure [J]. The Quarterly Journal of Economics, 2003, 118 (4): 1375-1418.

[3] Antràs, P., Helpman, E. Global Sourcing, Global Sourcing [J]. Journal of Political Economy, 2004, 112 (3): 552-580.

[4] Arndt, Sven W. Globalization and the open economy [M]. North American Journal of Economics and Finance, 1997, 8 (1): 71-79.

[5] Arndt, Sven W., Henryk, Kierzkowski, Fragmentation: New Production Patterns in the World Economy [M]. Oxford University Press, 2001.

[6] Bonanno G, Vickers J. Vertical Separation [J]. Journal of Industrial Eonomics, 1998, 36 (3): 257-265.

[7] Neil M. Coe, Peter Dicken, Martin Hess. Global Production Networks: Realizing the Potential [J]. Journal of Economic Geography, 2008, 8 (3): 271-295.

[8] Day D., James C., Wendler, J, The New Economics of Organization [J]. MeKinsey Quarterty, 1998 (1): 4-18.

[9] David, Ishii, Jun and Yi, Kei-Mu. The Nature and Growth of Vertical Specialization in World Trade [J]. Journal of International Economics, 2001, 54 (1): 75-96.

[10] Demsetz H. The Theory of the Firm Revisited [J]. Journal of Law,

Economics & Organization, 1988, 4 (1): 141-161.

[11] Devereux M, Griffith R, Simpson H. "The Geographic Distribution of Production Activity in the UK" [J]. Regional Science and Urban Economics, 2004, 34 (5): 533-564.

[12] Gereffi, G. Industrial Upgrading in the Apparel Commodity Chain: What can Mexico Learn from East Asia [D]. Paper Presented at International Conference on Business Transformations and Social Change in East Asia, 1999.

[13] Gereffi, G. International Trade and Industrial Upgrading in the Apparel Commodity Chain [J]. Journal of International Economics, 1999, 48 (1): 37-70.

[14] Gereffi G, Korzeniewicz M., Commodity Chains and Global Capitalism [M]. London: Praeger, 1994: 96-98.

[15] Gereffi G., Humphrey J, Sturgeon T. The Governance of Global Value Chains' [J]. Review of International Political Economy, 2005, 12 (1): 78-104.

[16] Henderson J., Danger and Opportunity in the Asia-Pacific [M]. Thompson, G (eds). Economic dynamism in the Asia-Pacific, London: Routledge, 1998: 356-384.

[17] Humphrey John, Schmitz Hubert. Governance in Global Value Chains [J]. IDS Bulletin, 2001, 32 (3): 19-29.

[18] Joskow P. Asset Specificity and the Structure of Vertical Relationship: Empirical Evidence [J]. Journal of Law, Economics, Organization, 1988, 4 (1): 95-117.

[19] Klein B, Crawford, Alchina A, Vertical Integration Appropriable and the Competitive Contracting Process [J]. Journal of Law, Economics, Organization, 1978, 21 (2): 297-326.

[20] Robert C. Integration of Trade and Disintegration of Production in the Global Economy [J]. The Journal of Economic Perspectives, 1998, 12 (4): 31-50.

[21] 鲍捷, 吴殿廷, 蔡安宁, 胡志丁. 基于地理学视角的"十二五"

期间我国海陆统筹方略 [J]. 中国软科学, 2011 (5): 1-11.

[22] 蔡宇. 关于产业链理论架构与核心问题的思考 [J]. 财经论坛, 2006 (9): 114-116.

[23] 曹明福, 李树明. 全球价值链分工: 从国家比较优势到世界比较优势 [J]. 世界经济研究, 2006 (11): 11-15.

[24] 曹明福. 全球价值链分工的利益分配 [D]. 西北大学博士学位论文, 2007.

[25] 曹忠祥, 高国力. 我国陆海统筹发展的战略内涵、思路与对策 [J]. 中国软科学, 2015 (2): 1-12.

[26] 陈朝隆. 区域产业链构建研究 [D]. 中山大学博士学位论文, 2007: 126-131.

[27] 陈朝隆, 陈烈, 金丹华. 区域产业链形成与演变的实证研究——以中山市小榄镇为例 [J]. 经济地理, 2007 (1): 64-67.

[28] 程宏伟, 冯茜颖, 张永海. 资本与知识驱动的产业链整合研究 [J]. 中国工业经济, 2008 (3): 44-151.

[29] 盖美, 刘伟光, 田成诗. 中国沿海地区海陆产业系统时空耦合分析 [J]. 资源科学, 2013, 35 (5): 966-976.

[30] 龚勤林. 产业链空间分布及其理论阐释 [J]. 生产力研究, 2007 (16): 106-108.

[31] 郭克莎. 外商直接投资对我国产业结构的影响研究 [J]. 管理世界, 2000 (2): 34-45.

[32] 韩增林, 夏康, 郭建科, 孙才志, 邓昭. 基于Global-Malmquist-Luenberger指数的沿海地带陆海统筹发展水平测度及区域差异分析 [J]. 自然资源学报, 2017, 32 (8): 1271-1285.

[33] 贺东升. 产业内分工与我国企业"走出去"战略研究 [D]. 河北工业大学硕士学位论文, 2010.

[34] 简新华. 产业经济学 [M]. 武汉: 武汉大学出版社, 2002: 69-71.

[35] 贾根良, 刘书瀚. 生产性服务业: 构建中国制造业国家价值链的关键 [J]. 学术月刊, 2012 (12): 60-67.

[36] 蒋国俊, 蒋明新. 产业链理论及稳定机制研究 [J]. 重庆大学学报（社会科学版）, 2004（1）: 36-38.

[37] 李晓华. 产业组织的垂直解体与网络化 [J]. 中国工业经济, 2005（7）: 28-35.

[38] 李燕, 韩伯棠, 张庆普. FDI溢出与区域技术差距的双门槛效应研究 [J]. 科学学研究, 2011（2）: 220-229.

[39] 李英毅, 魏宏杰. 中国天然橡胶消费与经济增长的协整分析 [J]. 统计与决策. 2009（23）: 108-109.

[40] 林孝文, 张炳光. 价值链分析: 跨国公司对发展中东道国经济影响的深层透视 [J]. 福州大学学报（哲学社会科学版）, 2000（4）: 25-38.

[41] 林忠, 章爱民. 全球价值链下产业竞争力提升的内涵、形成机理及其障碍 [J]. 黑河学刊, 2008（11）: 26-37.

[42] 刘林清, 谭力文. 产业国际竞争力的二维评价——全球价值链背景的思考 [J]. 中国工业经济, 2006（12）: 37-44.

[43] 刘刚. 基于产业链的知识与创新结构研究 [J]. 商业经济与管理, 2005（11）: 13-17.

[44] 刘贵富, 赵英才. 产业链: 内涵、特性及其表现形式 [J]. 财经理论与实践, 2006（3）: 114-117.

[45] 刘贵富. 产业链基本理论研究 [D]. 吉林大学博士学位论文, 2006.

[46] 刘志彪, 张少军. 中国地区差距及其纠偏: 全球价值链和国内价值链的视角 [J]. 学术月刊, 2008（5）: 49-55.

[47] 刘志彪. 重构国家价值链: 转变中国制造业发展方式的思考 [J]. 世界经济与政治论坛, 2011（4）: 1-14.

[48] 刘志彪, 张杰. 从融入全球价值链到构建国家价值链: 中国产业升级的战略思考 [J]. 学术月刊, 2009（9）: 59-69.

[49] 卜国琴. 全球生产网络与中国产业升级研究 [M]. 广州: 暨南大学出版社, 2009（1）: 1-85.

[50] 任泽平. 投入产出乘数模型与其扩展方法 [J]. 山西财经大学学报, 2006, 28 (3): 16-21.

[51] 芮明杰, 刘明宇. 产业链整合理论评述 [J]. 产业经济研究, 2006 (3): 60-66.

[52] 孙才志, 高扬, 韩建. 基于能力结构关系模型的环渤海地区海陆一体化评价 [J]. 地域研究与开发, 2012, 31 (6): 28-33.

[53] 唐海燕, 张会清. 中国在新型国际分工体系中的地位: 基于价值链视角的分析 [J]. 国际贸易问题, 2009 (2): 18-26.

[54] 王发明. 全球价值链下的产业升级: 以我国光伏产业为例 [J]. 经济管理, 2009 (11): 55-61.

[55] 汪建, 周勤, 赵驰. 产业链整合、结构洞与企业成长——以比亚迪和腾讯公司为例 [J]. 科学学与科学技术管理, 2013, 34 (11): 103-115.

[56] 魏守华, 姜宁, 吴贵生. 本土技术溢出与国际技术溢出效应 [J]. 财经研究, 2010 (3): 54-65.

[57] 吴金明, 邵昶. 产业链形成机制研究——"4+4+4"模型 [J]. 中国工业经济, 2006 (4): 36-43.

[58] 杨公朴, 夏大慰. 现代产业经济学 [M]. 上海: 上海财经大学出版社, 2002: 50-80.

[59] 杨羽頔, 孙才志. 环渤海地区陆海统筹度评价与时空差异分析 [J]. 资源科学, 2014, 36 (4): 691-701.

[60] 游振华, 李艳军. 产业链概念及其形成动力因素浅析 [J]. 华东经济管理, 2011 (1): 100-103.

[61] 喻春光, 李自如. 全球价值链视角下的产业升级 [J]. 求索, 2008 (11): 7-9.

[62] 郁义鸿. 产业链类型与产业链效率基准 [J]. 中国工业经济, 2005 (11): 35-42.

[63] 张辉. 全球价值链理论与我国产业发展研究 [J]. 中国工业经济, 2004 (5): 38-46.

[64] 张辉等. 全球价值链下北京产业升级研究 [M]. 北京: 北京大

学出版社，2007.

［65］张少军，刘志彪. 全球价值链模式的产业转移：动力、影响与对中国产业升级和区域协调发展的启示［J］. 中国工业经济，2009（11）：5-15.

［66］张少军，刘志彪. 产业升级与区域协调发展：从全球价值链走向国内价值链［J］. 经济管理，2013（8）：30-40.

［67］张少军，刘志彪. 国内价值链是否对接了全球价值链［J］. 国际贸易问题，2013（2）：14-27.

［68］张海峰. 海陆统筹　兴海强国——实施海陆统筹战略，树立科学的能源观［J］. 太平洋学报，2005（3）：27-33.

［69］张海峰. 再论海陆统筹兴海强国［J］. 太平洋学报，2005（7）：14-17.

［70］张海峰. 抓住机遇，加快我国海陆产业结构大调整——三论海陆统筹兴海强国［J］. 太平洋学报，2005（10）：25-27.

［71］张铁男，罗晓梅. 产业链分析及其战略环节的确定研究［J］. 工业技术经济，2005（6）：77-78.

［72］张向阳，朱有为，孙津. 嵌入全球价值链与产业升级——以苏州和温州两地为例［J］. 国际贸易问题，2005（4）：63-68.

［73］赵红岩. 基于全球视角的区域产业链整合对策［J］. 社会科学，2007（2）：16-21.

［74］郑胜利. 产业链的全球延展与我国地区产业发展分析［J］. 当代经济科学，2005（1）：87-93.

［75］钟昌标. 我国实施"走出去"战略的产业选择和区位选择［J］. 管理世界，2001（3）：195-196.

［76］周晓燕，黄永明. 全球价值链下产业升级的微观机理分析［J］. 中南财经政法大学学报，2008（2）：21-26.